「神武東征」とその後の渡来人たち

平城宮の中のユダヤ

石川雅晟
ISHIKAWA MASAAKIRA

幻冬舎MC

「神武東征」とその後の渡来人たち

――平城宮の中のユダヤ

はじめに

古代の伊勢は、複雑な歴史が積み重なった神々の土地である。前著（『ユダヤ系多氏が語る装飾古墳』）の最後では、その様子を内宮の内玉垣に内接した「虎塚古墳型神影（逆向きの二つの正三角形）」として描写した。また同じ玉垣には、二つの「ダビデの星」が「神影」と一緒に重なって存在することも、算式を利用して図形的に証明した。外宮の瑞垣にも、「星」と二つの「神影」が共存している。

内宮の内玉垣が作る長方形 → 長辺÷短辺＝$\sqrt{3}$÷1 → 虎塚古墳型神影が内接
外宮の瑞垣が作る長方形 → 長辺÷短辺＝2÷$\sqrt{3}$ → 「ダビデの星」が内接

これらの神影や星があること自体が、伊勢神宮にはどこか恐ろしい歴史事象がたくさん隠されていることを暗示している。これらの長方形を実測して、「星」や「神影」を内接させたのは誰であったのか。それを企画し、指示したのは何者か。

これらの謎に挑戦する前から、「お前の能力範囲を超えた問題である」と囁く声がするのだが、既著でも同じように無謀な探偵調査を続けた経験者は、また出たとこ勝負でいくさ、と開き直るのである。「老人力」には、少し無責任な部分もある。

「神武東征」とその後の渡来人たち　目次

第一章

神々は伊勢を目指す

1. 渡来人の移動経路

まず問題点を整理して、論点を確認しておく必要がある。自らが信奉する神々をお連れして伊勢に行くのも、また伊勢から出て新しい土地に再出発するにも、彼らは止むを得ずそうしたのだ。それが政治的理由であれ、宗教的情念に基づくものであれ、その歴史的背景を理解しておかないと、迷路に踏み込んでしまう。それほどに、伊勢は恐ろしいところである。

伊勢に出入りする人々の集団の動きを、弥生以降の年代順にまとめてみる。

B.C.306年に「越」が滅んだあと、「越人」たちは春秋・戦国の争乱を避けて、周辺に四散した。その一部が半農半漁の倭人＝弥生人となって、長江沿岸から北上してきた。彼ら越人は海人族であり、一般的には黥面文身の風習があった。海人族の中心は、安曇族。その支族が宗像氏である。

さらに東アジアの寒冷化や戦乱によって、朝鮮半島からの渡来集団が続いた。その中には朝鮮半島古代国名を負った一族が含まれていた。
・KO－KURE（高句麗、呉など）
・KUDARAKI（百済木など）
・SIRAGI（新羅、白木、白子など。また比良、白髭、白山比咩など）
・KARA（韓、辛など）
・ARA（荒木、安羅など）
・ANA（穴太、安濃など）

続いて騎馬民族の一団がユダヤ系の人々と一緒に渡海してきた。騎馬民族は政治・軍事の中心となり、外交・財政等は外国人（朝鮮半島の文化人層やユダヤ系秦氏）が中心となった。

○出雲族（ユダヤ系出雲首長家。騎馬民族）
○天孫族（任那から入ってきた崇神王朝。騎馬民族）
○その他（応神王朝。その後継として継体王朝）
・騎馬民族と一緒に渡来した「連《むらじ》」（物部氏）
・騎馬民族に臣従した「臣《おみ》」（大伴氏）
・騎馬民族の親族（支族）（多氏）
・ユダヤ系秦氏、朝鮮半島からの知識・技術者彼らは以下の3通りの経路で伊勢に至ったと考えられる。
・北九州（↓　瀬戸内海）　↓　大和（奈良）　↓　伊勢
・北九州（↓　瀬戸内海）　↓　紀・熊野　↓　伊勢
・北九州　↓　若狭など越　↓　琵琶湖・伊賀　↓　伊勢

そして伊勢から以降は、2通りの経路でさらに遠国へと至った。
・伊勢から尾張・美濃・越
・伊勢から駿河・房総・常陸・陸奥（YUTU・HUTUが転訛↓MUTU）

現在残る各地の地名や神社に残る書物から、これらの経路を推理して読み解くことができる。

以下にその結果を示すことにする。

2. 伊勢の地主神＝猿田彦神

まず伊勢の猿田彦であるが、『猿田彦神社誌』（猿田彦神社社務所編／国書刊行会・平成10年）を参考にして、同神への理解を深めることにする。が、地名・人名とユダヤとの関連については、このあとも筆者の独断に係る部分が多い。しかしその根拠や理由などをあげて、ユダヤ系の人々が渡来してきたことを想定しつつ、論を進めていく。兎にも角にも伊勢神宮内宮に、「ダビデの星」や「虎塚古墳型神影」が隠されていることは、誰の目にも疑いようのない事実であるから、今後の議論は、この岩盤の上に立ってするべきである。

同神社誌は、はじめに神名の読み方を「サルタビコ」と確定している。そして神名の意味を、「猿によって守られている田」と解している。

古代人は山で猿に遭い、その〈異形〉性故に神性を感じ、「鹿猪田《ししだ》」（鹿や猪によって荒らされる悪い田：筆者注）に対して「猿によって守られている田」というイメージを「猿田」

に移行させた時、「良い田」の観念を生じ、その「猿田」を神格化して「猿田ビコ」と呼ぶようになったのではなかろうか。

また「猿田ビコ」と呼ぶ前段階として、「久延毘古《くえびこ》」の例を持ち出している。

古事記上巻には「山田」の「久延毘古《くえびこ》」が番人であって、これは別称「山田の曽富騰《そほど》」といい、「此の神は、足は行かねど、尽《ことごと》天下の事を知れる神ぞ」とある。「久延毘古」とは「身体の崩れた人で、一本足の案山子《かがし》」をいう。（『猿田彦神社誌』）

同書では、「曽富騰」を「雨に濡れそぼつ人」としているが、筆者の意見は少し異なる。天下の出来事を全て知る神＝全能神である。「山田の曽富騰《そほど》」の音の変化は次のように解読できる。

山田　↓　YAMADA　↓　YAMADO　↓YAMATO＝ヤマト（神ヤハウェの国）

曽　↓　ソ　↓　新羅の国名

富騰　↓　ホド　↓　HODO＝HOTO＝ユダヤ

つまり「山田の曽富騰」は、新羅経由で渡来したユダヤ人と解釈できる。

案山子に擬せられたのはヤハウェ、すなわち「田を守る良い神」なのである。サルタビコもクエビコも、良い田の神さまとしての神格を持っている。春秋・戦国の争乱を避けて、長江沿岸から北上してきた農耕・弥生人の神であった。

しかし渡来してきた弥生人はまた、海の民＝漁労の民でもあった。ユダヤ系猿田彦神は海神、漁労神の要素を持っていなくてはならない。『古事記』は、同神のその貴重な記録をいまに伝えている。

> その猿田毘古《の》神、阿邪訶《あざか》に坐《ま》す時、漁《いさり》して、比良夫貝《ひらぶかひ》にその手を咋《く》ひ合はさえて、海鹽《うしほ》に沈み溺《おぼ》れたまひき。

「阿邪訶」とは伊勢神宮に近い、現在の三重県松阪市阿坂の海岸である。だから猿田彦神の漁労形態は、潜水漁法によって貝などを採っていたことが分かる。現在も伊勢・志摩地方では、海女さんたちの潜る姿を見ることができる。

猿田彦神社の在る地名は三重県伊勢市宇治浦田であり、同神がユダヤ系であることの傍証にもなっている。

宇治浦田　→　ＵＤＩ‐ＵＲＡ‐ＴＡ（ユダヤ‐浦の‐田）

猿田彦神社を奉斎する神家は「宇治土公《うぢつちぎみ》」と尊称されて、ここ「宇治」の地主であった。近鉄駅名「宇治山田」にも、「案山子」が守る「山田」が出てくる。「ＵＤＩ‐ＹＡＭＡＤＡ」の意味は、「ここ宇治が神ヤハウェの土地である」、と宣言しているのかもしれない。

地主神であった猿田彦（その子孫の宇治土公）は、後年、その土地の一部を割いて、伊勢神宮の創建に協力した。垂仁天皇25年に、倭姫命が「天照大神」の御杖代となってご遷座に適したところを探して、近江から美濃までを遷幸されたが、最後に鎮座された場所が、現在の伊勢神宮内宮であった。

この神話的事実を簡潔に表現したのが、猿田彦が天孫ニニギの前に現れた場面である。ニニギがまさに天降《あも》るとき、「天の八衢《やちまた》に居《ゐ》て、上《かみ》は高天の原を光《てら》し、下《しも》は葦原中國《のつ》を光《てら》す神」として出現した。そして、「先導役」として天孫を待っていたことを告げる。先発組の神として、後発組のニニギをご案内すると申し出たのである。これが「八衢の神・道案内の神」としての、猿田彦のもう一つのお顔である。

猿田彦の役割をまとめると、次の通りとなる。

・良い田の守り神（農耕神）
・ユダヤ系の神
・海神・漁労神（潜水漁法）
・八衢の神・道案内の神（天照大神とその孫ニニギの先導役）

猿田彦神がユダヤ系であることは、同神を祖とする「宇治土公」の苗字＝二見《ふたみ》氏にも示されている。「HUTA（例：二荒《ふたら》山＝日光）」は「HUTU（例：経津主《ふつぬし》）」と同じく「ユダヤ（の）」を表し、「MI」は「美」＝「神」の意である。

前掲書の、二見氏に言及した部分に出てくる「振魂命」（HURU‐TAMA）は、またも「ユダヤの玉」と解することができるから、これでもかと言わんばかりに少しクドイ著者である。

〈猿田彦〉大神は興玉神また振魂命と御名を唱えるのも、伊勢湾の沖から〈常世の重浪〉にのって漂い訪れる海霊、もしくは荒磯のつづく伊勢から志摩へと海路をたどる船霊と考えられていたからであろう。古く『皇太神宮儀式帳』に宇治土公小紲という磯部族の長老がみえ、後代のことながら二見に居住して二見姓を名告ったのも、海浜への郷愁が感じられる。

（『猿田彦神社誌』）

有名な「二見ヶ浦」は、ユダヤ神の浦という意味であろう。其処の二見興玉神社の祭神は、当然ながら、猿田彦大神である。そして伊勢にお詣りするなら、最初にこちらに詣でてから、そのあとで外宮、内宮の順に巡るのが慣わしになっている。

3. 猿田彦神が伊勢に来るまでの経路

猿田彦が渡来した後の移動経路は、次のように推理できる。

猿田彦の渡来は、半農半漁の弥生時代のいつごろか、その海の民の首長となって、ユダヤ系の神として渡来した。おそらく対馬から壱岐を経て安曇《あづみ》族と一緒になり、瀬戸内、紀国・熊野と通過してきたと思われる。太平洋側には、彼ら海人たちの名を冠した地名が連続して残っている。伊勢湾から神島を渡ると、そこは安曇族の住んだ渥美《あつみ》半島である。相模湾には熱海《あたみ》があり、関連する地名としての「紀国」は、『常陸国風土記』の「筑波郡」にもある。

筑波県《つくはのこほり》は、古《いにしへ》に紀国《きのくに》と謂《い》ひき

千葉県の木更津《きさらづ》は、紀国から来た人々が去らなかった、という意味であるとの説もある。「木」は、「紀」として解釈できるからである。

安曇族の別派は日本海側を北上して、長野県の安曇野《あづみの》に名を残し、琵琶湖西岸の安曇川《あどがわ》にもその痕跡がある。琵琶湖畔の秀麗な山並みは比良山脈であるが、その「比良《ひら》」は「白《しら》」となって、湖上の鳥居で有名な白鬚《しらひげ》神社へと繋がっている。

白鬚神社の祭神は猿田彦命であるから、「比良＝白鬚」は「伊賀」を経て、伊勢の猿田彦神社とも関係している。渥美半島の先端は伊良湖岬というが、次のように変化したのだろう。

ＨＩＲＡ→ＨＩＲＡ－ＫＩ→ＨＩＲＡ－ＫＯ→（Ｈ）ＩＲＡ－ＧＯ→ＩＲＡ－ＧＯ
（比良）　（比良から来た）　（伊良湖）

この推理に従えば、伊勢の猿田彦神社と伊良湖岬の間にある菅島や神島にも、きっと猿田彦＝白鬚が坐すことになるはずだ。神島は、三島由紀夫の小説「潮騒」の舞台でもある。

神社名と祭神および地名の関連は、グーグルで検索したり、また既著でもお世話になった『日本の中の朝鮮文化』（金達寿／講談社文庫・昭和59年）を参考とした。

しかし先生の著述は、朝鮮半島から渡来して倭国に住み着いた人々を調査対象とするものであるから、半島からの渡来者で、かつさらに遠く、西域や北狄の人たちのことはほとんど論点の外にある。半島を経由したものの、そこに留まらなかったケースとして、騎馬民族の大王やユダヤ系秦氏などのグループがあった、という立場が著者の視点である。

さて菅島を調べると、既に金先生の紀行文があったので、それを引用する。津市在住の知人から先生へ、誘いの電話があった際のやりとりである。

この七月十日は志摩の菅島《すがじま》にある白髭《しらひげ》神社の祭だそうだが行ってみるか、というのだった。私はそこに白髭神社があることも知らなければ、もちろんその祭のことも知らなかった。

「へえ、そんなところにも白髭神社があったんですか」

「あったんですね。しかもその祭というのは、海女《あま》さんたちが競争で鮑《あわび》をとって神前に供えるという、たいへんおもしろいものだそうです」

（『日本の中の朝鮮文化』）

ここからも分かるように、菅島には白髭神社があり、海女さんたちの守り神（豊漁と安全）が白鬚大明神なのである。つまり白鬚＝猿田彦は、安曇族の海人たちが深く信仰する神であった。この祭は「しろんご祭」というから、次のような音韻変化によっていると思われる。

比良　→　白（鬚）　→　白＋来　（→　伊良湖）

HIRA→　SIRA　→　SIRO（N）GO　（→　IRAGO）

伊勢湾入口にある菅島の「しろんご」から渥美半島伊良湖岬の「いらご」までは、音韻的にも地理的にも、あと一跳びである。そして伊良湖岬から渥美湾に回り込むと、そこにはユダヤ系地名と思われる宇津江《うつえ》海岸（UTU‐E＝ユダヤの入り江）を見ることができる。

菅島の次の神島の方には八代神社があって、こちらの祭神も白鬚明神である。予想通り、白鬚神が鎮座する島々であった。

4. 麻続王の流刑地

また余談に入る。万葉集に残る、麻続王《をみのおほきみ》の悲劇＝流罪のことである。実際の流刑地が因幡国であったのに対し、万葉集では伊良湖に流されたことになっている。そして王の罪状について、史書は具体的に語らない。

万葉集では「麻続王」と表記されるが、意味の上では「麻積王」が正しい。「続」と「積」。ここにも何か、万葉集編者の意図があるのか。

そこで麻続王が罪せられる前後の、天武天皇の政治方針を「天武紀」四年の記事から拾ってみる（現代文に意訳）。壬申の乱のあとで、まだ政権基盤が脆弱なころの天皇の周りには、歴戦の武官は多いが、法制度・財務面の事務に熟練した文官に不足していた。だから自然の成り行きとして、政治権力を自身に集中させる方策（天皇親政）を採らざるを得なかった時期であった。

関連する年表を掲載する。

天武4年（675）	2月15日	天智3年2月の定めにより、諸氏に給した部民《かきのたみ》（私有民）は、これより以降は廃止する。また親王・諸王および諸臣、また諸寺などへ下賜した山沢・嶋浦・林野・池は、今後、占有させない
	4月14日	小錦下の久努臣摩呂《くののおみまろ》が勅命を帯びた使に対し、これを拒んだので、官位をすべて剥奪した
	4月18日	三位の麻続王《をみのおほきみ》に罪が有ったので、因幡《いなば》国に流した。一子を伊豆嶋《いづのしま》に流し、もう一人を血鹿嶋《ちかのしま》（五島列島）に流した
	7月	小錦上の大伴連国麻呂《おほとものむらじくにまろ》を大使とし、小錦下の三宅吉士入石《みやけのきしいりし》を副使として、新羅に遣わした
	10月	諸王から初位までの官人は、それぞれ兵を備えよ（朝廷の軍事力強化策＝唐・新羅への対抗）
天武5年（676）		新羅、朝鮮半島を統一する
	2月	大伴連国麻呂《おほとものむらじくにまろ》等が、新羅より帰った
	10月	大乙上の物部連摩呂《もののべのむらじまろ》等を新羅に遣わした

天武6年（677）	2月	物部連摩呂が新羅より帰った
天武10年（681）		天武天皇の命で、飛鳥浄御原令の編纂開始
持統3年（689）		持統天皇により、飛鳥浄御原令が施行される

この一覧で分かるように、天武天皇の親政によって、「麻続王」が属する「諸王」所有の私有民や土地は、今後は朝廷のものにするという大方針が示された。唐の日本進駐や半島における流動的な唐・新羅抗争の余波を被って、日本の国力強化は喫緊の課題であったのだ。つまり当時の日・唐・新羅の緊張関係は、半島をめぐる唐と新羅の紛争によって、両国がともに日本を抱き込もうとすることに原因があった。白村江大敗によって国力が落ちた日本にとって、絶好の挽回機会でもあった。軍事力強化＝中央集権が第一優先になっていたのだ。事実、唐へは多大な贈り物で進駐軍の歓心を買い、新羅へは遣使を派遣していた。

しかし久努臣摩呂には、このような国際関係が理解できず、官位すべてを失った。同じく麻続王とその子たちは、流罪処分となったのである。ただ『書紀』と『万葉集』とでは、麻続王が流された場所に違いがある。『書紀』は因幡、『万葉集』は伊良湖なのである。

麻続王の所有した土地は、渥美半島にあったと考えられる。その伊良湖岬の部民たちから慕われていた気配が、万葉歌の調べの中に残っている。また麻続王については、その地域的特性として、農耕や漁労の神「猿田彦神」、そして安曇族とも関連している可能性が高い。長野県安曇野（東筑摩郡）の近くには、同郡「麻績《おみ》村」がある。長野自動車道に、「麻績インターチェンジ」が設置されている。多分、ここもその昔は安曇族に関連して、麻続王の所有ではなかったか。天武天皇は、これらの所有を否定してきたのである。

伊良湖に流された麻続王の歌が、『万葉集』では次のように掲載されている。

麻続王《をみのおほきみ》、伊勢国《いせのくに》の伊良虞《いらご》の島に流さるる時に、人の哀傷《あはれ》びて作る歌

23　打麻《うちそ》を　麻続王　海人《あま》なれや　伊良虞の島の　玉藻《たまも》刈ります
（打麻《うちそ》を）麻続王は　海人《あま》なのか　伊良虞の島の　玉藻《たまも》を刈っていらっしゃる

麻続王《をみのおほきみ》、これを聞き感傷《かなし》びて和《こた》ふる歌

24　うつせみの　命《いのち》を惜《を》しみ　波に濡《ぬ》れ　伊良虞《いらご》の島の　玉藻刈り食《は》む
（『万葉集』）

伊勢や伊良湖の人たちは、潮騒に霞む王の姿を見て、常ならば刈った玉藻を神前にお供えするものを、いまはご自身の食用になさっていることよ、と深い哀傷《あわれみ》を感じた。また、「空蝉の命」と自らを断じた麻続王。伊良湖に寄せ来る太平洋の荒波と風の音を聞いたことがある者なら誰しも、その悲しみと諦めが直に伝わってくるのである。

しかしなぜ、因幡に流された麻続王の歌が、伊良湖に関連する哀傷歌として、万葉集に採録されたのか。おそらく長年にわたり王の所有であった伊良湖に住む人たちにとって、麻続王は親しい王族であり、尊敬の対象にもなっていたであろう。その地元民から「刈っていらっしゃる」と詠われたことを知り、流刑地の因幡に在って「これを聞き感傷《かなし》びて和《こた》」えたものと思われる。それ以後の王の身の上について、万葉集は何も語らない。

万葉撰者に擬せられる大伴家持は、実質的な左遷人事として、因幡国に赴任したことがあった。その42歳当時の正月の歌が、万葉集掉尾を飾っている。同じ因幡で不遇を託《かこ》つ身であった麻続王のことは、家持にとっても他人事とは思われなかったに違いない。

海人族であった安曇族は、その発音上の特徴が「麻績」に繋がっている。「麻」の古語は、「WO」である。

↓（W）OTUMI↓HOTUMI↓HODUMI（穂積）

WO（麻）TUMI（積）↓WOTUMI↓（W）ATUMI↓ATUMI（渥美）

↓ATAMI（熱海）↓ADUMI（安曇）

↓WO（TU）MI↓WOMI（麻績・麻続）

麻続王を罰した天武天皇（大海人皇子）も、海人の出身と考えられる。

OHO－AMA（大海人《おほあま》）↓OHO（多氏）－SI（の）－AMA↓多氏の海人・海女

海人　↓　安曇族　↓　麻積（続）王　↓　伊勢や伊良湖などの土地・部曲を私有

海人　↓　大海人皇子（天武天皇）　↓　諸王の所有地を公有・部曲の否定

「同じ海人の出身ではないか、なぜ土地を取り上げるのだ」という思いが、麻続王の側になかったか。王の位階は三位であった。天武天皇と血の繋がった王族であったから、チョットした軽い無駄口を叩けた間柄であったかもしれない。それが海人族に縁続きの大海人皇子（天武）には、逆鱗に触れる部分があった。しかし想像上の出来事でしかない。

5. 古風土記の逸文

麻績と宇治

猿田彦神や麻続王のことを調査しているが、今度は伊勢国風土記の逸文を調べてみる。

「麻績」という地名は、伊勢にも在った。『倭姫命世記』には、次の内容が記載されている。

アマテラスの遷座地を求めていた倭姫命は、美濃から巡って来て、現在の松阪市、「飯野高丘宮《いひぬのたかをかのみや》に入り坐し」た。ここに「機屋を作りて、大神の御服《みけし》を織らしめ」た。その「大宮神荒妙衣服《おほみやのかむあらたへのみそ》」を織る「神麻績《かむをみ》の氏人等」が住むところが、「麻績郷《をみのさと》」であった。

また「宇治」については、次のように述べている。

風土記に云く。宇治の郷は、伊勢國、度會の郡、宇治の村、五十鈴の川上に、宮社《みや》を造り

て、大神を齋《いつ》きまつりき。これに因りて、宇治の郷を以て、内の郷と為せり。今宇治の二字を以て、郷の名と為す云々。神名秘書
（『古風土記逸文』「伊勢・宇治郡」）

「宇治」は「内」（ＵＪＩ→ＵＴＩ）であった、と伝える内容である。ＵＴＩの意味は、矢張り「ユダヤ」である。従って宇治の郷はユダヤの郷となるが、如何なものであろうか。「大神」を祭ったので「内の郷」とした、というからには「大神」＝「内（ＵＴＩ／ユダヤ）」となる理屈である。内宮の内玉垣に内接して、「虎塚古墳型神影」や「ダビデの星」が存在しているので、「大神」の解釈は、この理屈のままで良いと思われる。現在は倒壊リスクを避けるため取り壊されてしまったが、外宮と内宮を結ぶ街道の両脇歩道にあった膨大な数の灯籠に、カゴメ紋が彫られていたのには頷ける部分がある。

「伊勢」の地名は、「伊賀」とも関連して、次のように説明される。

伊勢國風土記に云く。伊賀の事志社《あなしのやしろ》に坐す神、出雲の神の子、出雲建子命《いづものたけこのみこと》、又の名は、伊勢津彦の命、又の名は天櫛玉命《あめのくしたまのみこと》、この神、昔、石もて城を造りて、ここに坐しき。ここに阿倍志彦神《あべしひこのかみ》來集ひにしかど、勝たずして、還り却ぞきき。因れ以て名と為せり。云々。日本書紀私見聞
（『古風土記逸文』「伊勢・石城」）

伊勢の国名の基になったのは「出雲の神の子」＝「出雲建子命」（「又の名は伊勢津彦の命」＝「又の名は天櫛玉命」）、この「伊勢津彦」が国名の由来であったと解説されている。また石の城に拠った伊勢津彦を攻撃したのは阿倍志彦であったが、勝利することなく退いたとある。

この記事には、重要事項がたくさん載っている。

伊賀最初の支配者は伊勢津彦であるが、彼は「出雲の神」の子であり、出雲建子命と天櫛玉命、二つの名前を持っていた。

「出雲の神」はスサノヲであると仮定すると、スサノヲの子としては、「五十猛」と「ニギハヤヒ」が有名である。

五十猛の読み方はＩ－ＴＡＫＥＲＵ　または　ＩＳＯ－ＴＡＫＥＲＵであるが、ＩＳＯが適していると考える。ここから次の地名が関連していると考えられる。

ＩＳＥ（伊勢）・ＩＳＯ（伊雑、磯部）・ＩＳＵＺＵ（五十鈴）・ＩＳＯＴＡＫＥ（五十猛《いそたけ》神社／島根県大田市）

また和歌山市の伊太祁曽《いたきそ》神社の祭神が五十猛命であり、熊野灘を経由して伊勢に直結する。

一方ニギハヤヒのフルネームは天照国照彦火明櫛玉饒速日《くしたまにぎはやひ》命であることから、天櫛玉命はニギハヤヒのことと考えられる。

ここから「伊勢津彦」は「出雲建子命」＝「五十猛命」であると推測することができる。「天櫛玉命」はニギハヤヒであるから、口承時の誤りによって《次子の名を「天櫛玉命」》が《またの名を「天櫛玉命」》として伝えられたのであろう。

伊賀の事志《あなし》社のＡＮＡの音は、安那《あな》・安耶（漢《あや》）・安羅・阿羅につながる。これらは朝鮮半島南部の小国の名前である。これは五十猛命の父、スサノヲが新羅・安那から渡来、出雲国首長になったことにつながる。つまり伊賀最初の支配者は、出雲系の五十猛命であったことを示していると推測できる。

猿田彦と伊勢津彦

このまとめに、伊賀國風土記の逸文にある猿田彦神の情報を合わせると、新しい世界・知見が現れてくる。その逸文の内容を一覧にしてみる。

・猿田彦神が、伊賀を「伊勢加佐波夜之國《いせかざはやのくに》」となづけた
（伊賀は、もとは伊勢の国の一部であった）
・猿田彦神はたいへん古くから、この国（伊賀を含む伊勢）を支配していた

・猿田彦の女《むすめ》＝「吾娥津媛命《あがつ》」が、天照大御神の金鈴を斎《いっ》き奉《まつ》る
・吾娥津媛の名によって、吾娥之郡《あがのこおり》と謂う
・天武天皇の御宇、吾娥之郡から名を分けて伊賀國とした（AGA→IGA）
・国名が定まらずに十余年のあいだ、「加羅具似虚國」であった
・加羅具似《からくに》（加羅から渡来した人が住む）虚國《からくに》（または虚國《むなくに》＝国名未定の国）であった
・伊賀の支配者は、伊勢津彦＝出雲系五十猛であった
・伊賀を含む古くからの伊勢の支配者は、猿田彦であった
・伊勢国の支配者は、スサノヲの子である「伊勢津彦＝五十猛」が継いだ

島根半島の佐太神社（出雲国二の宮）の社記によると、祭神は佐太大神であり、また猿田彦大神でもあるという。だから猿田彦が出雲出身であったことは、この社記からも判断できる。猿田彦＝スサノヲなら、猿田彦の更なる出身地は新羅ということになり、スサノヲと一緒に新羅から降った五十猛の移動経路にも整合性が出てくるのだが、スサノヲには天孫ニニギを導くという役割はないので、猿田彦とは直接の関連はないであろう。

しかし後述するように、『諸系譜』第4冊に残る忌部氏関連の系図では、讃岐忌部氏の祖である手置帆負命《たおきほおひのみこと》の妹（大矢女命《おほやめのみこと》）とスサノヲの子が五十猛命であるから、猿田彦は忌部氏との係

わりが深い神であると判断できる。

記紀神話や風土記による五十猛は、山々に樹種を植えて、倭国を青山と為し、紀国の首長になった。神武東征では紀国から伊勢に本拠を移し、五ケ所湾の石城に拠って神武別動隊と戦ったが、後述のように、敗れて信濃に去った。

スサノヲと猿田彦の身体的特徴

スサノヲで身体的に目立つのは、「八拳髭《やつかひげ》」（八束髭《やつかひげ》）という長く垂れた鬚であった。『古事記』では、「八拳須《やつかひげ》」となっている。この意味は、彼がユダヤ系であることを考慮すると、次のように解釈できる。

・八拳須＝たくさんの拳が垂れたような髭

・八束髭＝長い髭。「八《や》」＝ヤハウェの短縮形か。YATUKA＝YUDUKI？
ユダヤ式に束ねた長い髭＝角髪《みづら》（美豆良《みづら》）の意味と思われる

一方の猿田彦の様子は、その異形を『記紀』が詳しく伝え、『猿田彦神社誌』では、それらを解説的に述べているので引用する。

サルタビコ神は座高が七尺、身長が七尋《ひろ》というように巨人性を叙し、さらに鼻の長さが七咫《あた》とある。この鼻は、推古時代に経典と共に伝来した「伎楽《ぎがく》」（古代チベット・インドの仮面劇で、西域から中国南朝に伝わり、日本に伝来した）に用いられた仮面からの連想であろう。（中略）次の「口・尻が赤い」とあるのは、サルタビコ神の「猨《さる》」からの連想であろうが、「眼は八咫鏡のようで赤いほおずきのように輝いている」は、〈異形〉の容貌描写である。

猿田彦がユダヤ系の神であることを前提にして、これらの異形を整理してみる。

・背が高く、鼻も高い（伎楽面に残るペルシャ人、西域人の顔を連想）
・口や尻など顔や身体全体が赤い、という印象である
・眼は円く大きく、赤いほおずき（赤酸醤《あかかがち》＝赤いホオズキ）のように輝いている

全体の印象は、日に焼けた外国人といった風貌である。これが猿田彦神のお姿であった。ただ「赤酸醤」という表現が、スサノヲとの共通点に繋がっている。彼の退治した「八俣大蛇《やまたのおろち》」が、「その目は赤かがちの如くして」なのである。大蛇も異形の神であり、目が赤く輝くのは、その神性表象の一つである。

伊勢津彦の足取り

スサノヲの子である伊勢津彦（五十猛命）は、その後はどのような運命を辿ったのか。

騎馬民族が渡来してきた証拠の一つである「馬冑《ばちゅう》」（軍馬の顔を保護する冑《かぶと》）の辿った道は、それが出土した場所を繋ぎ合わせることによって判明する。先述の五十猛の行路を重ねると、伊勢までの進路が同じである。馬冑の壁画が残る高句麗からスタートすると、

馬冑の道：高句麗→朝鮮半島南部→北九州→紀伊国→伊勢国→埼玉県行田市（将軍山古墳）

五十猛の行路：　新羅→出雲（→北九州）→紀伊国→伊勢国→信濃国

このように伊勢と関東中央部は軍馬の繋がりがあり、当然ながら軍隊も同じ道を往来した。すなわち北九州から紀伊国、伊勢国さらに東山道を通って、信濃や関東へも行軍したのである。

また太平洋に沿って東海道を下った人たちや、もっと身軽に船で関東方面に逃れた伊勢津彦軍もあったであろう。伊勢津彦＝五十猛を祭る神社は、関東から東北にかけて多くを数えることができるので、彼らの足取りが分かるというものだ。

南伊勢町
ヤジロ山列石
切原
龍仙山
龍仙山列石
城ヶ谷列石
馬山
泉
五ヶ所浦
内瀬
船越
260
飯満
五ヶ所湾
五ヶ所湾
鵜路山
八方山列石
中津浜浦
伊勢志摩　きらり千選

逸文に見る神武東征

五ケ所湾の石城に拠った伊勢津彦を、今度は神武軍が攻撃してきた。「国譲り戦」の重要な戦闘場面であるにもかかわらず、『記紀』にはこの記録がない。紀伊山地を横切って、熊野から大和盆地の東側「宇陀《うだ》」に向かう神武東征軍の本隊。その困難さは、八咫烏《やたがらす》などが登場する神話世界として描かれるが、熊野灘を伊勢に東進した分隊のことは出てこない。だからこの『古風土記逸文』が残されていなかったら、分隊長の「天日別命《あめのひわきのみこと》」や迎え撃つ伊勢津彦側の行動は不明のままであった。この戦いについて逸文は、①「伊勢風土記に曰く」と、②「或本に云はく」の両説を記載している。

逸文を簡潔にまとめて一覧表とする。まず①の概要である。

・天御中主尊《あめのみなかぬしのみこと》の十二世孫が、天日別命である

・伊勢國を治めたのは、天日別命である（当初は猿田彦が治めていた。その後は伊勢津彦が統治）

・天日別命は神武東征に従軍して、紀伊国の熊野の村に到った

・神武天皇は金鳥の導きで、菟田《うだ》（宇陀）下郷《しもつあがた》に到った

・此処で天皇は、生駒《いこま》の長髄彦《ながすねびこ》に対し、大部日臣命《おほとものひおみのみこと》を差し向け

・天日別命には、天津方（東方）の国を平定せよ、と命じた
・その東の国は、伊勢津彦が治めていた
・天日別命は伊勢津彦に問う、この国を天孫に献上するかどうか
・伊勢津彦は、これに従わず
・天日別命が征討軍を発する時に、伊勢津彦は天孫への献上を認めた
・伊勢津彦は八風《やかぜ》を起こし、海水《うしほ》を吹き上げ、波浪《なみ》に乗って、信濃国に去った
（ただし伊勢津彦の子孫は、相模や武蔵などの国造となって、関東南部に多い）
・天皇は伊勢津彦から得た国を、彼の名に因んで伊勢と號《な》づけた
・天皇は、天日別命に伊勢を治めることを命じ（伊勢国造に任命）
・さらに天日別命は、大倭耳梨《やまとのみみなしの》村に宅地《いへ》を賜わった

次に②である。

・天日別命は神武本体と別れ、熊野の村から直接、伊勢の国を目指した
・荒ぶる神を殺し、従わない者を罰し、山川を境界にして、地《くに》や村を定めた
・その後、橿原宮（神武）に復命した

天日別命と珍彦

天日別命が大倭耳梨村に宅地を賜わったことを勘案すると、彼は奈良盆地の管理者（国造）になったと思われる。すると神武東征の瀬戸内海において、天皇の水先案内の役目を買って出た「珍彦」がダブってくる。珍彦はこの導きによって、東征後の褒賞人事として倭国造に任命された。つまりは、「倭直部《やまとのあたひら》が始祖《はじめのおや》」となったのである。『紀』における該当部分。「艇《をぶね》に乗《の》りて」「速吸之門《はやすひなと》（関門海峡？）」に現れた彼が、神武の先導を務める場面である。

名《な》をば珍彦《うづひこ》と曰《まう》す。（中略）皇舟《みふね》に索《ひ》き納《い》れて、海導者《みちびきひと》とす。乃《すなは》ち特《こと》に名を賜《たま》ひて、椎根《しいね》津彦《つひこ》とす。椎、此《これ》をば辞毗《しひ》と云《い》ふ。此即《これすなは》ち倭直部《やまとのあたひら》が始祖《はじめのおや》なり。

これが『記』では「倭國造等の祖」となっているが、同じ意味である。従って珍彦は椎根津彦であり、倭直部の始祖（倭国造の祖）なのである。だから天日別（＝珍彦）の神武軍参加は、瀬戸内水軍を率いて、かつ水先案内を兼ねたものであった。

天日別命自身は、天御中主尊の十二世孫であるから、ユダヤ系である。神武東征（国譲り戦）への従軍は、天皇が最初に出発した伊都国の日向からの参戦ではなく、途中の瀬戸内海のあたりから参加したのである。

このような解釈に従えば、天日別命は珍彦《うづひこ》という結論になる。UDU-HIKO→（Y）UDU→YUDU→弓月《ゆづき》=秦氏となるが、しかし、ますますヤヤコシイ話になってくる。登場人物をまとめると次の通りとなる。

・天日別命=ユダヤ系天御中主尊の十二世孫
・天日別命=大倭耳梨村に住んだ
・天日別命　=伊勢国造（任命者は神武天皇）
・天日鷲命《あまのひわしのみこと》=伊勢国造（任命者は神武天皇）
　日別と日鷲は異名同神
　両神は忌部氏を祖とする
・荒木田氏の祖=天御鳥命（諸系譜には、「天御鳥命　一云　彦狭知命」）→彦狭知命（紀伊忌部の祖）
・荒木田氏の祖天御鳥命（彦狭知命）は忌部氏の一族
・度会氏の祖は天日別命と伝えられる。日別（度会）=日鷲（荒木田）→忌部氏を祖とする同族
・内宮の荒木田氏（忌部氏の同族）
・外宮の度会氏（忌部氏の同族）。磯部姓から度会姓へ。さらに二見姓（猿田彦・宇治土公

の子孫）へ

・珍彦＝「倭直部《やまとのあたひら》が始祖《はじめのおや》」

＊珍彦は神武東征時の瀬戸内海で活躍。神武が珍彦（日別）を伊勢国造に任命

・珍彦＝瀬戸内海の水先案内→神武東征時、「瀬戸内海の治安」を司った小千命

・東征の途中、瀬戸内海を先導した小千《をち》命＝大山祇の子孫で、大山祇神社を創建→小千《をち》命＝越智《をち》氏

・東征時の瀬戸内制海権のキーマン→小千命（珍彦＝天日別命）

・大山祇の子孫小千命（越智《をち》氏）は珍彦（天日別命＝椎根津彦＝天湯津彦＝ＹＵＴＵ＝弓月＝秦氏）

国造本紀と逸文の比較

伊勢国造について『先代旧事本紀』「国造本紀」と、今回調査した逸文の内容を比較する。

	国造本紀	逸文
伊勢国造の任命者	← 神武天皇	← 神武天皇

〃　受任者　天日鷲命《あまのひわしのみこと》　←異名同神→　天日別命《あめのひわきのみこと》
〃　系譜　天牟久怒命《あまのむくぬのみこと》の孫　　天御中主尊《あめのみなかぬしの》の十二世孫

伊勢国造はまた祭祀権を持っていたから、伊勢神宮の祭祀という点からも見てみる。

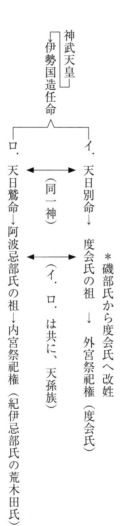

神武天皇
↓
伊勢国造任命

イ．天日別命↓　度会氏の祖　↓　外宮祭祀権（度会氏）
　　＊磯部氏から度会氏へ改姓
←→（同一神）　←→（イ．ロ．は共に、天孫族）
ロ．天日鷲命↓阿波忌部氏の祖↓内宮祭祀権（紀伊忌部氏の荒木田氏）

別な表現をする。５Ｗ１Ｈの要素ごとに、逸文の内容比較表を再確認して確かめてみると、「神武東征時に」「神武天皇が」「伊勢国造として」「天日別／鷲命を」「任命した」、となる。「別」と「鷲」では、「ＷＡＫＥ」と「ＷＡＳＩ」の１音のみの違いはあるが、これを異人か同一人とみるかで見解が分かれるものの、長い伝承期間の末の一字違いはヒューマンエラーとして、誦習者たちの責任にするには忍びない。ここでは天日別命と天日鷲命を同じ人物とする。

外宮禰宜家の度会氏は、家祖が天日別命であるが、古くは「磯部氏」であった。先の神社誌では、『続日本紀』和銅四年（711）三月条の記事を載せているが、磯部（石部）氏が神宮関係の史料に出てくることを詳細に述べているので、それを引用する。

三月六日　伊勢《いせ》の人、磯部祖父《いそべのおおじ》・高志《こし》の二人に渡相神主《わたらいのかんぬし》の姓《かばね》を賜わった。上野《こうずけ》国甘良《かんら》郡の織裳《おりも》・韓級《からしな》・矢田・大家《おおやけ》・緑野《みどりの》郡の武美《むみ》、片岡郡の山など六郷を割いて、新しく多胡《たご》郡を設けた。

（『続日本紀』）

『太神宮諸雑事記』によれば天平三年（七三一）六月の神宮月次第に、二見郷長の石部嶋足が参入したとみえる。こうした度会氏の神宮進出は、延暦二十三年（八〇四）に撰上した『皇太神宮儀式帳』の古代職掌にも窺うことができる。禰宜・大物忌・御塩焼物忌は荒木田神主姓をもつが、宮守・地祭・酒作・清酒作・滝祭・山向などの諸物忌はすべて磯部姓であり、その勢力分布は一目瞭然としている。宇治土公についても「無位宇治土公磯部小紲」とみえ、いまだ位階をもたないが、海辺部族であるべき磯部の苗字を名乗っていることは見落としがたい。

忌部氏の祖神は、天孫降臨のときに随伴してきた「天太玉命」である。そして天日鷲命は阿波忌部氏（荒木田氏）の祖であるが、『古語拾遺』は各地に分散した忌部氏を列挙している。

又、男《を》の名は、天太玉命《あめのふとたまのみこと》と曰す。［斎部宿禰《いみべのすくね》が祖なり。］太玉命の率《ゐ》たる神の名は、天日《あめのひ》鷲命《わしのみこと》［阿波国《あはのくに》の忌部等《いみべら》が祖なり。］・手置帆負命《たおきほおひのみこと》［讃岐国《さぬきの》の忌部が祖なり。］・彦狭知命《ひこさしりのみこと》［紀伊国《きのくに》の忌部が祖なり。］・櫛明玉命《くしあかるたまのみこと》［出雲国《いづもの》の玉作《たまつくり》が祖なり。］・天目一箇命《あめのまひとつのみこと》［筑紫《つくし》・伊《い》勢《せ》の両国《ふたくに》の忌部が祖なり。］と曰す。

伊勢に来た忌部氏が、すなわち磯部氏であり、のちに度会氏になったと思われる。つまり度会氏と荒木田氏は同祖忌部氏から出ているものとする。しかし忌部氏にも諸流があるから、ここには別の問題もあるが、当面はこれを棚上げにする。

忌部氏の祖である天日鷲命が伊勢国造になったことは、これらの記事によっても再確認できる。しかし内宮を祭祀する荒木田氏の家祖は天見通命《あまのみとおし》であり、大鹿島命の孫という関係にある。すなわち荒木田氏は、鹿島神宮を祭る中臣氏と親しい間柄である。このため忌部氏と中臣氏の宗教上の確執は平安時代まで続いて、仲の良くない両氏であった。

思うに、最初の伊勢国造であった忌部氏は、磯部氏から度会氏になったころから伊勢神宮に関与してきたが、のちに中臣（藤原）系の荒木田氏がその祭祀を受け持つようになったため、元の神宮（内宮）とは別に外宮を創祀し、忌部氏後裔の度会氏が外宮を祭祀したのではないか。天日鷲《わし》命は、天日別《わき》命に神名を変えたのであろう。

忌部氏とユダヤのつながり

ここに見るように忌部氏の祖神は、筑紫から出雲へ、また讃岐・阿波・紀伊・伊勢へと拠点を開拓している。房総半島の安房《あわ》は、阿波の忌部氏が移住した国であり、同氏は伊勢から太平洋岸に、関東地方へも展開していた。おそらく千葉県の印旛沼周辺も、忌部氏が開拓したものと思われる。印旛沼の近くの大鷲神社（千葉県印旛郡栄町）が、天乃日鷲尊を祭神として、忌部氏と印旛沼の関係を暗示している。

また安房忌部氏が創祀したと伝える神奈川県鶴見川沿いの「杉山神社」は、その多くの祭神が「五十猛命」である。

忌部氏が天孫に随伴してきたことから判断すれば、筑紫から先は当然、壱岐→対馬→朝鮮半島へと続いている。系譜的に忌部氏と深い関係にあった「荒木田氏」と「度会氏」を分解すると、忌部氏の移動は半島南部から始まったと考えられる。その理由は、「荒木田」とは「阿羅（安羅）から来た」という意味であり、「度会」は「対馬海峡を渡って」伊勢にやって来た、と推測できるからである。

それにしても彼らの渡来開始地を、朝鮮半島に限定してもよいのであろうか。『拾遺』では、忌部氏初祖の記述を、『古事記』と同じく「天御中主神」から始めている。「天」が「ユダヤ」を表すことは、既著のあちこちに書いており、忌部氏もユダヤ系であると推測できる。すなわち天御中主神は、ユダヤの中心的な神という意味である。

仮説：記紀神話に隠されたユダヤの歴史

忌部氏と磯部氏が同族であることを出発点として、両氏に関係する神社・祭神や地名を観察してみたい。ユダヤに関連する新しい事象を発見できるかもしれないので、探偵の調査事項としては興味深い案件である。

しかし最も困難なことは、例えば地名をとっても、地図という平面図に載るAとBの何方が古くから存在していたものか、分からないということである。人名や習俗なども、その古さがはっきりしないものがある。

筆者はこれまでの著作を通して、一つの仮説を提案できるが、基準がないと歴史事象の新旧さえ判定できないので、一応の案としてそれを記す。この基準面に照らして矛盾点が出てくれば、また考え直せばいい。大雑把な新旧を（Ⅰ）から（Ⅱ）、（Ⅲ）へと列挙するが、これまでの記述と重なる部分もある。

（Ⅰ）弥生時代は、長江流域から北上してきた倭人により始まった（半農半漁の小国家群）
代表的倭人が越人であり、海人族の安曇氏もその仲間である
安曇氏のあとに、ユダヤ系猿田彦→天孫渡来（Ⅲ）の先駆け＝道案内の神
倭人に混じって、他のユダヤ系（諏訪の洩矢氏）も渡来してきた（A.D.1世紀頃か）

（Ⅱ）新羅からユダヤ系出雲の人々が、秦氏などを連れて渡来してきた（A.D.2世紀頃）
新羅の国号（ソ）からきた→接頭語（イ）＋（ソ）＝伊勢・磯
↓イソ＝五十猛《いそたけ》（スサノヲの児。新羅から一緒に出雲へ）
↓磯部氏＝五十猛の部民
↓伊勢には「蘇民将来」（ソの民、将に来たる）の門札
出雲首長は、原住の縄文人後裔を支配し、さらに越人も支配下に置いた
出雲首長は、半農半漁の小国家群の上に、出雲の覇権を確立した

(Ⅲ)朝鮮半島から騎馬民族の天孫崇神が、有能な外国人と一緒に渡来(A.D.232年頃?)
荒木田、唐古、荒古など、朝鮮半島を示す地名群が各地に残った
中臣氏は、出雲系首長のあとに渡海した天孫族と結ぶ(またはその従者)
それら外国人は、外交・法制・財務・先進技術などに優れ、天孫族を支援した
弥生から古墳時代の、それら渡来人の記録や口承が、『記紀』などに残された

・越人や安曇族は(Ⅰ)、猿田彦も(Ⅰ)に属する
・出雲首長家や五十猛は、(Ⅱ)である
・崇神は(Ⅲ)で、それまでの覇権国出雲と「国譲り戦」を戦う

記紀神話では、崇神はハツクニシラススメラミコト(御肇国天皇=初めて国を肇《はじ》めた天皇)と尊称されているが、ユダヤ系アブラハムの系図(アマテラスの系図=日向神話=旧約神話の古代日本版)を崇神の前に置いて、神武もハツクニシラススメラミコト(始馭天下之天皇=始めて天下を馭《ぎょ》した天皇)としたため、尊称上の混乱が生じた。

「肇国」と「始馭天下」の違いは、支配される人たちに税制や労働を強制するかどうかにあると思われる。「肇国」の崇神は、被支配者層に税負担や強制労働を強いること(中央集権)を原

則としたのに対し、「始馭天下」の神武は、交易を通じて周囲の人たち（小国家）にも利益を分かち、土木工事などにはそれなりの対価を支払ったのではなかろうか。

騎馬民族の首長であった崇神より先に、ユダヤ系の人たちが倭国に渡来して、既に実務的な制度（軍事・交易・先端技術を駆使した土木、建築など）をコントロールして、人々の生活安定に貢献する部分があった。秦氏が関与した箸墓古墳や応神、仁徳などの巨大古墳の築造は、当時の支配者が秦氏の秦人（秦氏の私有民）を使役して効率的に実施されたが、現場の重労働にはそれなりの見返りが必要であったと思われる。後世の行基が指揮した土木工事や東大寺大仏の建立などにも、こんな対価・報酬システムがあったに違いない。

騎馬民族渡来（天孫降臨）を反映した神話（日向神話）が、「国譲り戦」の前に架上されて、出雲神話＋日向神話＝記紀神話となった。

また屈辱的な事件であった「バビロン捕囚」の年を、神武崩御年に一致させ、神武式年祭には必ず事件のことを思い出させる仕組みを、ユダヤ系の人々は神話世界に持ち込んだのである。

B.C.586年　＋　A.D.2016年　＝　2600年
（ユダヤ人のバビロン捕囚）　（神武天皇2600年式年祭）

五十猛の一族が移住した場所

これら逸文の登場人物たちは、伊勢津彦の信濃への退去によって、表舞台から去って行ったが、武蔵国や相模国、現在の横浜付近に再登場して来る。多摩川南岸に多い杉山神社は、五十猛を主祭神とするものが多く、五十猛とその一族が住んだ場所の分布を、今日まで伝えている。「青山」＝「杉山」と考えれば、「杉山」を冠した神社は、伊勢津彦＝五十猛を奉斎する人々の主な居住地を示している、と考えられる。つまり多摩川南岸や鶴見川に沿って多く点在する杉山神社は、伊勢津彦の子孫が生活した証と見ることができる。横浜市の関連地名である。

磯子区　→　ISO－GO（五十猛《いそたけ》が来た→五十猛は杉山神社の祭神）

都築区　→　TUDU－KI（対馬南端の豆酘《つつ》から来た。TUTU→TUDU）
「豆酘」の保床山「HOTO／HODO（ユダヤ）」＝「保土ヶ谷」の地名に関係
「豆酘」にある多久頭《たくず(づ)》魂《たま》神社→多久頭魂神（多久豆魂命）は忌部氏の系譜に有り

保土ヶ谷区　→　HODO－GA－YA（豆酘の保床《ほとこ》山から来た＝HOTO→HODO）
忌部氏の移動経路＝対馬→阿波→紀伊→伊勢→安房や鶴見川付近へ

対馬→出雲→（日本海）→越

説明：○出雲の大田市にある五十猛《いそたけ》神社は、ISO－TAKEと読む（五十＝ISO）
　五十猛の部民＝磯部氏＝度会氏へと繋がる
○都築郡の郷名には、ユダヤ系秦氏に関連するものがある→高幡、幡屋
五十猛は父スサノヲと一緒に新羅から出雲に降ったが、出雲本国の支配層としては傍流であり、出雲本国や大和ではなく、紀伊国以東を担当した
スサノヲと大矢女命との子が五十猛命→大矢女命は、手置帆負命（讃岐忌部氏の祖）の妹
五十猛の一族は紀伊から伊勢、さらに相模、武蔵などに進出した→杉山神社の分布に影響
○対馬の豆酘には、首長クラスの墓が「保床山《ほとこ》」にある。従ってユダヤ系五十猛（磯部氏）の首長墓は、保土ヶ谷に造営したと思われる→HODO＝ユダヤ（の）
○この付近（多摩川南岸）の杉山神社は、忌部氏が奉斎した忌部氏の居住地は、秦氏と重なるケースが多い（保土ヶ谷の地名は、秦氏由来の可能性）

忌部氏→筑紫・出雲・阿波・讃岐・紀伊・伊勢
秦氏　→筑紫（北九州の八幡＝多くの秦氏）・出雲（『出雲国風土記』「飯石郡」に記載。須佐郷に隣接して波多郷）・阿波・讃岐（金毘羅＝秦氏が奉斎）・紀伊（「木國造の祖」＝宇豆比古《うづひこ》）・伊勢

「木國造の祖」＝宇豆比古は、珍彦《うづひこ》（＝椎根津彦《しいねつひこ》）＝天湯津彦《あまのゆつひこ》＝ＹＵＴＵ＝弓月《ゆづき》＝秦氏、すなわち秦氏の出である。「天湯津彦」の意味は、「天（ユダヤの）弓月（ユダヤから来た）男・神」である。

また阿波と伊勢については、水銀（朱）の生産地としての共通項を持っている。地理的には中央構造線に沿った産地であり、その線上に位置する高野山麓の天野には丹生都姫神社があって、朱砂を掘る秦氏と、渡唐前の空海が出会った場所として有名である。当然のように「阿波」＝吉野川流域と「伊勢」の多気町は、古代の朱生産地（丹生）として、秦氏が関わっていたと思われる。

フォッサマグナ（大地溝帯）西側は中央構造線に重なるが、関東にも大地溝帯を区切る東側の構造線があって、その線上の群馬県も朱砂（辰砂）の産地である。それで藤岡市の丹生神社は、

群馬における秦氏の活動拠点になっていたと推定できる。また近在には、有名な「多胡碑」もあり、その碑文の最後には藤原不比等の名さえ刻まれている。

猿田→米田→大田命→宇治土公

朝鮮半島から渡来してきた加羅・安羅の人たちが発音した「猿田」とは、「SARU＝米」の意であろう。すなわち、「猿田＝米田（さるた）」である。現在の韓国語でも、「米」は「サル」である。連想を働かせば、次のようになる。

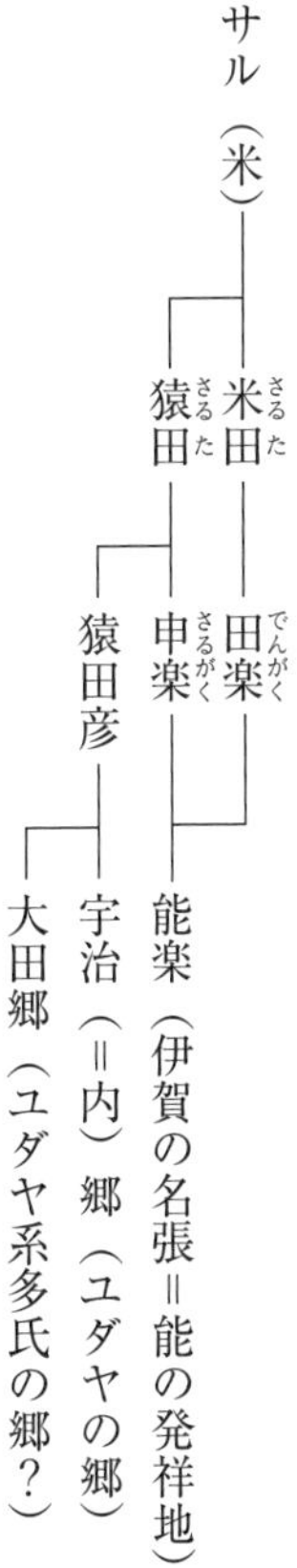

再び多氏が登場するが、しっかりとした史料によって論を進める。先の神社誌は続けて、猿田彦神を元祖とする「宇治土公」は、「大田命神」を遠祖とすることをも載せている。つまり、〈米《さる》田《た》（猿田）→（大きな面積の田を所有する者）→大田命→宇治土公〉となる。

荒木田氏の遠祖「天見通命」

『太神宮諸雑事記』の垂仁天皇条に、

　神代祝大中臣、遠祖天児屋根命神、禰宜荒木田、遠祖天見通命也、宇治土公、遠祖大田命神、当土乃土神也、

と伝える。

神代祝の大中臣氏は、遠祖が天児屋根命。禰宜の荒木田氏は、遠祖が天見通命。そして、宇治土公の遠祖は大田命であり、この土地の国神である。

荒木田氏の遠祖「天見通命」とはどのような神なのか、改めて見ておく必要がある。伊勢へ渡来してきた神々を調査しているので、この神の来歴を確認しておくことは、きっと今後の議論に影響してくるからである。

そして『出雲国風土記』「楯縫郡」には、次のように記載されている。

　楯縫《たてぬひ》と号《なづ》くる所以《ゆゑ》は、神魂命《かむむすひのみこと》詔《の》りたまひしく、「五十《い》足《た》る天《あめの》日《ひ》栖宮《すみのみや》の縦横《たてよこ》の御量《みはかり》は、千尋《ちひろ》の栲紲《たくなは》持《も》ちて、百八十《ももやそ》結《むす》びに結《むす》び下《た》れて、此《こ》の天《あめ》の御《み》量《はかり》持《も》ちて、天下造《あめのしたつく》らしし大神《おほかみ》の

宮《みや》を造《つく》り奉《まつ》れ」と詔《の》りたまひて、御子《みこ》、天御鳥命《あめのみとりのみこと》を楯部《たてべ》と為《し》て、天下《あまくだ》し給《たま》ひき。

前著では、この一文を次のように解説した。

「天日栖宮《あめのひすみのみや》」は出雲大社のことであり、「天下造らしし大神《あめのしたつくらししおほかみ》」とは大国主のことである。従ってこの文意は、大国主が隠棲するための出雲大社を造るには、長い縄にたくさんの結び目を付けた縄で縦横を量って造作せよ、と神魂命《かむむすひのみこと》が指示し、自分の子である天御鳥命《あめのみとりのみこと》を設計・建築の責任者として遣わしたのである。

「天御鳥命」は、ほとんど「天見通命」のことである。

MITORI（御鳥） → MITO（O）SI（見通）
MITO（O）SI（見通）→MITO（R）SI → MITORI（御鳥）

見通命＝御鳥命は、風土記に記載されているように、建築や土木関連の見取（御鳥）図を担当した神であり、実際の工事ではA点とB点を見通して、一直線に縄張りをした。同神の後裔である荒木田氏も、伊勢神宮のユダヤ的な図形の縄張りをしたのであろう。
その当時は持統天皇の御世であったが、女帝が直接そのような指示をすることはなく、矢張り、藤原不比等の意思によった設計であったと思われる。彼の所有に係る平城京外京にも「ダビデの星」を内接させて、それを信仰の要としていたように、遷宮が始まる直前の伊勢神宮大造営にも関与していた。その証拠が外宮の「ダビデの星」であり、内宮の「虎塚古墳型神影」の存在である。藤原氏（中臣氏）の下請けをすることによって、内宮祭祀の主導権を獲得した荒木田氏は、ユダヤ的図形を具体化する請負人として、出世の糸口を掴んだ可能性が大きい。

忌部氏が統率した手技集団

「天御量《あまつみはかり》」を使用する測量技術者を含めて、忌部氏の職掌については、『古語拾遺』「日神の石窟幽居」に詳しく述べられている。それらを、簡潔にまとめて列挙する。

a. （忌部氏の祖）太玉神に、天照大神を和ませるための「和幣《にきて》」を作らせた
b. そのため太玉神は、「諸部《もろとものを》の神を率《ゐ》て」作業をさせた
c. 石凝姥神《いしこりどめのかみ》には→「天香山《あめのかぐやま》の銅《あかがね》を取り」「日の像《かた》の鏡」を鋳《い》させた
d. 長白羽神《ながしらはのかみ》（伊勢国の麻続《をみ》の祖）には→「麻を種《う》ゑて」→「青和幣《あをにきて》」を作らせた

e. 天日鷲神《あめのひわしのかみ》と津咋見神《つくひみのかみ》には↓「穀《かぢ》の木《き》を種殖《う》ゑて」↓「白和幣《しろにきて》」を作らせた

f. 天羽槌雄神《あめのはづちのをのかみ》（倭文《しとり》の遠祖）には↓「文布《しつ》」を織らせた

g. 天棚機姫神《あめたなばたつひめのかみ》には↓「神衣《かむみそ》」（和衣《にきたへ》）を織らせた

h. 手置帆負《たおきほおひ》・彦狭知《ひこさしり》の二神には↓①天御量《あまつみはかり》によって、材《き》を伐《き》らせ
②瑞殿《みづのみあらか》を造らせ
③御笠《みかさ》・矛《ほこ》・盾《たて》を作らせた

i. 天目一箇神《あめのまひとつのかみ》には↓雑《くさぐさ》の刀《たち》・斧《をの》・鉄《くろがね》の鐸《さなき》を作らせた

この一覧によって、当時の忌部氏が統率した手技集団の得意仕事を知ることができる。彼らを十分に使いこなせば、多機能的な産業集団を創造することさえ可能であったが、残念なことに、その後の忌部氏が一大発展を遂げたという史料はない。奈良から平安時代にかけては、衰退していく兆しを見せていく。

忌部氏の測量技能を知る手立てが、岡山市北区の神社にある。その名も、「手置帆負・彦狭知の二神」を祭る「天計《あまのはかり》神社」である。すなわちその社名を分解すれば、「天」＝「ユダヤ（の）」、「計」＝「測量器（丈量器）」となる。そして岡山県神社庁の解説では、次のようになっている。

延喜式に天計神社、本国総社神名帳に天計神社、山本氏本に従二位下天計明神と記載してある式内社である。備陽国誌本郡廃寺の部に、妙法山神宮寺北方村とある。即ち天計神社の別当である。彼の小庵に天計神社の本地仏として、左手に巻物一巻、右手に弓を挟んだ仏像が一躯ある。銘に天計八幡大菩薩、備前国御野郡北方村と記してある。右像の弓を持っているのは上代の丈量器を誤ったのであろう。

それは此の神が手置帆負命、彦狭知命の二神であるから、必ず丈量器を携え給うのは右像を模したものであろう。

紀氏に伝わる系譜を読み解く

さらに『諸系譜』によれば、「天《あめの》御《み》鳥命《とりのみこと》」は「一云　彦狭知命」とあり、紀伊国忌部の祖なのである。またこの「彦狭知命」の父親が、「手置帆負命」（讃岐国忌部の祖）であると記載されている。以下はその系譜である。

（対馬の神）　←→

（手置帆負命：讃岐）　←→

（彦狭知命：紀伊）　←→

神魂命――神穂魂命――多久豆魂命――┬天御食持命――┬天御鳥命
　　　　　　　　　　　　　　　　　├大矢女命　　　└天道日女命
　　　　　　　　　　　　　　　　　║　　　　　　　　║
　　　　　　　　　　　　　　　　　╟五十猛命　　　　╟天香語山命
　　　　　　　　　　　　　　　　　║　　　　　　　　║
　　　　　　　　　　　　　　　　スサノヲ　　　　　║
　　　　　　　　　　　　　　　　　║　　　　　　　　║
　　　　　　　　　　　　　　　　　╟――――――天火明命（ニギハヤヒ）
　　　　　　　　　　　　　　　　　║
　　　　　　　　　　　　　　　　神大市比賣

この紀氏に伝わる系図では、五十猛ほかの親子関係も分かる。手置帆負命の妹である「大矢女《おほやめの》命《みこと》」とスサノヲとの子が、「五十猛命」（和歌山・伊太祁曽《いたきそ》神社祭神）である。また天御鳥命の妹である「天道日女命《あめのみちひめのみこと》」とニギハヤヒとの子が、「天香語山命《あまのかごやまのみこと》」（新潟・弥彦神社祭神）という関係になる。とすると、ここ紀伊から伊勢への海路には、五十猛や忌部氏の一族、そして出雲系の首長クラスが目白押しに押し寄せたことが理解できる。

出雲首長家では、スサノヲ－ニギハヤヒ親子の本流と五十猛や天香語山などの支流が、出雲本国から紀伊や伊勢、尾張、さらにはもっと遠く越後の弥彦山周辺にまで、彼らの支配圏を拡げていったのである。

手置帆負命《たおきほおひのみこと》＝讃岐《さぬきの》国の忌部が祖。彦狭知命《ひこさしりのみこと》＝紀伊国《きのくに》の忌部が祖。また前出の天日鷲命《あめのひわしのみこと》＝

阿波国《あはのくに》の忌部等《いみべら》が祖。さらには忌部氏の祖である天太玉命《あめのふとたまのみこと》の身内が、天日鷲命《あまのひわしのみこと》（伊勢・荒木田氏）であるから、出雲の首長たちと一緒になって、忌部氏も出雲から阿波・讃岐、紀伊また伊勢にかけて、その活動圏を拡げていったことが知られるのである。

このように荒木田氏の祖は、忌部氏であり、天見通命（天御鳥命）であり、神魂命に直結している。また忌部氏（天太玉）はそもそもニニギのお供衆の一人であったが、彼の後裔を伊勢国造に任命したのは神武天皇であるから、ニニギと神武は同一神であると考えるのが妥当であろう。天孫降臨神話が、ニニギと神武と崇神とに三分割されていることの傍証にもなる。その上、忌部氏祖の太玉命は、「太玉」が意味する如く、ユダヤ系の人たちであった。

・HUTO（ユダヤの）＋TAMA（勾玉）＝「❜」（唯一神ヤハウェを表すヘブル語）

余談になるが、「手置帆負・彦狭知の二神」は、現代の上棟式にも登場する。神社本庁による上棟式基準によれば、その祝詞には二神を含め、棟上げに関係する神々が入っている。「屋船久久遅命《やふねくくのちのみこと》」「屋船豊宇気姫命《やふねとようけひめのみこと》」「手置帆負命《たおきほおいのみこと》」「彦狭知命《ひこさしりのみこと》」および「当地の産土《うぶすな》神」が、棟梁によって読み上げられるのである。筆者が自宅を建設したのは、いまから50年以上も前のことであったが、二神の名前については全く記憶にない。

・神魂命－神穂魂命－多久豆魂命

紀氏系図から読み取るべきことは、他にもある。「太玉」が「唯一神ヤー」を表すから、そもそも忌部氏もユダヤ系の人たちであった。従って系図の最初、「神魂命－神穂魂命－多久豆魂命」もユダヤ系の神々であると推測されるので、それを調査する。

・これら三神に付いた「魂」は、忌部氏の祖「太玉」に由来するであろう
・多久豆魂命は対馬に特有の神であるから、この神以降の系譜が「倭国に渡来した神々」になる
・その前は、朝鮮半島から西（ユダヤを含む）に由来する名を持つであろう
　a．神魂命→「カムムスヒ」＝ユダヤ系の神々を産み出す霊（神産巣日神・神皇産霊神）
　b．神穂魂命→「カムホムスヒ？」→別名を「天之三穂命」→「天＝ユダヤの」「三穂」＝「三つ巴？」→「三つ巴」は勾玉が円形に三連した形＝ユダヤ系の神々が連なる形

＊「三穂」「美保」「三保（の松原＝秦氏居住地）」などは、ユダヤ系地名

・多久豆魂命→別名を「手力雄命」「天手力男神」→伊勢神宮内宮の祭神としては、天照大神の「相殿神」（アマテラスは対馬に関係するか。内宮創設の参謀・藤原不比等＝ユダヤ系中臣氏も対馬出身）→手力＝相撲に関連→出雲の野見宿祢＝土師氏の祖（宮殿、陵墓設計）→手置帆負命や彦狭知命など、宮殿測量、建設を手掛ける神々（忌部氏）に関連

＊アマテラスのフルネーム＝撞賢木《つきさかき》厳之御魂《いつのみたま》天疎《あまさかる》向津媛命《むかつひめのみこと》

向津媛＝対馬の方を向いた媛（対馬から出た媛）

忌部氏に関係する氏族

この調査では、忌部氏は対馬から出雲、また紀伊や伊勢へと続く海路と深く結びついた氏族である、と結論することができる。紀氏に伝わる系譜や『古語拾遺』の記述によって、一族が何処に根を張っていったかを、一覧にしてまとめる。すると当時の忌部氏は、古代倭国に巨大な勢力を有した名族であったことが実感できるのである。

忌部氏に関係する氏族（各地への拡大・交流）

多久豆魂命（手力雄命）　→　伊勢神宮内宮の相殿神
天日鷲命　→　阿波・忌部氏の祖。安房国（安房郡。千葉県）
天御食持命（手置帆負命）　→　讃岐・忌部氏の祖
　妹：大矢女命　→　スサノヲとの間の子：五十猛命　→　和歌山・伊太祁曽神社祭神
天御鳥命（彦狭知命）　→　紀伊・忌部氏の祖
　妹：天道日女命　→　天火明命（ニギハヤヒ）との子：天香語山命→新潟・弥彦神社祭神
天火明命　→　尾張一宮・真清田神社祭神。奈良・大神神社祭神（大物主として）
櫛明玉命　→　出雲・玉作の祖
天目一箇命　→　筑紫と伊勢・忌部氏の祖

6.「国譲り戦」のメンバーは紀州に集う

スサノヲの渡来から伊勢神宮建設まで

ここまでに多くの神々や人々が登場してきたが、彼らが新羅から北九州、瀬戸内海、紀州さらに伊勢までやって来たことに、合理的な説明ができるのか、一応の仮説に基づいて話を展開してみたい。可成り無理をしている部分もあると思うが、これまでの舞台をまとめることによって新しい道筋が期待できるかもしれない。

話の基本線は、新羅のスサノヲと五十猛の親子が、騎馬の風習を持って出雲に渡海して来たことにある。五十猛は出雲本国ではなく紀伊を領有し、伊勢をも勢力圏とした、この線に沿って素描していく。

・親子は、新羅の曾尸茂梨《そしもり》を出発し、出雲に降った
　SO（＝新羅）－SI（の）－MORI＝牛頭（朝鮮語の訓読み→SOMORI）

曾戸茂梨は、朝鮮・江原道春川に在る「牛頭山」と同義（講談社文庫『日本の中の朝鮮文化』4）

・五十猛＝I（美称の接頭語）－SO（新羅）－TAKERU（猛者）＝新羅の勇者
・五十猛↓父＝ユダヤ系スサノヲ。母＝紀氏の系図では、大矢女命
・五十猛↓母の出自から、出雲の首長家ではなく傍流に↓出雲本国ではなく紀州へ
・五十猛↓紀州から伊勢へ↓伊勢には「蘇民将来子孫」の門飾り
　蘇民将来＝蘇（新羅）の民　将《まさ》に来たる↓蘇の民（五十猛に付き従い）将に来たる
　五十猛の子孫はそのまま、蘇の民である↓伊勢には地名として「白木《しらぎ》」がある
・五十猛の部民↓ISO－BE＝磯部氏（五十猛に従ってきた身の回りの世話係・海民）
・騎馬集団を率いたスサノヲは、出雲に軍事中心の支配体制を確立する
・軍事は出雲首長とその仲間が仕切り、税制や外交などは能力のある外国人に任せた
・騎馬集団の支配層は、必然的に有能な部外者を活用し、また一緒に仲間を形成した
・五十猛の仲間として、安曇氏、忌部氏（磯部氏）、秦氏、越智氏など
・宗像氏は、婚姻によって出雲本国との人脈を強化した（海人族は安曇、宗像に分化）
・ユダヤ系出雲のスサノヲ後継者は、出雲本国が大国主、大和盆地はニギハヤヒ
・秦氏などの有能な人々は、支配層が分かれた場合には、二股をかけてリスク管理

・騎馬集団より前には春秋・戦国の争乱を避けて、長江流域から弥生人の祖が渡来
・弥生人の先祖は、半農半漁の海人たちであり、小国家に分立した（「百餘国」）
・当初は漁業が中心であったが、次第に農耕中心（弥生時代）となった
・弥生人でもあった安曇氏は、綿津見神（ユダヤ系多氏・秦氏）に従い、海伝いに植民
・綿津見→琵琶湖畔へ入植→比良・白髭大神の信仰へ（新羅→HIRA・SIRA）
・米作の拡大→米田《さる》（SARA－TA）→猿田→猿田彦（＝白髭大神はまた猿田彦大神）
・米作の更なる拡大→大きい米田→大田→大田命→大田命の祖＝猿田彦大神
・磯部氏が創設した伊雑宮《いさわのみや》。元はISO－NO－MIYA（磯部氏の宮）
・磯部氏＝二見（＝ユダヤ系の神）氏→二見興玉神社（二見ヶ浦）・祭神猿田彦大神
＊興玉＝ユダヤ系の神・猿田彦のこと
・二見氏＝宇治土公（猿田彦の子孫）
・その後、倭姫が御杖代となり、五十猛の異母弟ニギハヤヒ（天照）が伊勢に遷移
スサノヲと大山祇の娘・神大市比賣との子が大歳神（ニギハヤヒ）
・猿田彦後裔＝大田命子孫＝宇治土公は、男神天照に伊勢の神域を割譲→伊勢神宮へ
・ユダヤ系男神アマテラスから、女神アマテラス＝向津媛へ（持統女帝による皇位継承の都合）

・持統天皇により、伊勢神宮の遷宮開始（神道の中心地へ）
・持統寵臣の藤原不比等→ユダヤ的図形を神宮の内に→荒木田氏による見取図・工事

これらの素描から抜けているのが、紀州の熊野三山の位置付けである。熊野三山とは、本宮・速玉・那智の各大社のことである。もともとの熊野大社は出雲にあったが、五十猛が「紀伊国《きのくに》に所坐《ましま》す大神《おほかみ》」となったことが縁で、紀州熊野にも坐すことになったと思われる。

「国譲り戦」の解釈

神武の兄五瀬命が亡くなったとき、五十猛は自領の紀伊・竈山に命を葬ることを了承することで、既に神武への協力を約束していた。だから①五十猛支援者たちが神武東征を支援することは当然であり、また②出雲系でも本国への離反組はむしろ神武に従うことで、戦後の立場を有利にしようとした。

神話の上では①は高倉下、②は八咫烏である。二人の位置を次の系図で確認する。

①五十猛支援者：スサノヲ

五十猛（紀伊大神）↓神武東征に協力↑珍彦（宇豆比古）が神武を支援

支援者や五十猛従者は伊勢から神奈川へ（鶴見川。杉山神社）

伊勢原の大山祇阿夫利神社

ニギハヤヒ―高倉下―熊野連（↓熊野本宮大社の由緒）

＊高倉下と呼ばれる二人（aとb）

a．高倉下＝宇摩志麻治（『旧事本紀』では物部氏祖）

ニギハヤヒの児。嫡流。**異母弟**

神剣師霊《ふつのみたま》を神武に↓師霊が神武の熊野踏破を支援

↓崇神から石上神社へ↓師霊＝石上神社の祭神へ

b．高倉下＝天香語山（↓弥彦神社の社記）

ニギハヤヒの児。非嫡流。**異母兄**

ニギハヤヒ降臨時の供奉衆の先頭

（『本紀』供奉32人衆の先頭）

異母兄弟

②出雲離反組：出雲系賀茂氏（迦毛《かも》大御神＝阿遅鉏高日子根／高鴨神社・葛城）

スサノヲ（アマテラスと誓約）―多紀理毘賣―迦毛大御神
天太玉命（忌部氏）―八咫烏（賀茂建角身）―玉依姫―賀茂別雷
賀茂氏→高鴨神社から上賀茂・下鴨神社へ
下鴨神社祭神　→賀茂建角身＋玉依姫
上賀茂神社祭神→賀茂別雷
出雲離反組の忌部氏は、同じ離反組の五十猛と合流→関東へ
天孫本流組からは「天」を剥奪されて、太（布刀）玉命へ格下げ

「国譲り戦」の主人公たちは、神話上では3分割されて登場するが、その主人公はニニギ、神武そして崇神である。それら分割された主人公と一緒に行動した神々も併せて載せているため、系図としてはこれまでのものに比べて違和感がある。

《3分割された「国譲り戦」の主人公たちに関連する系図》

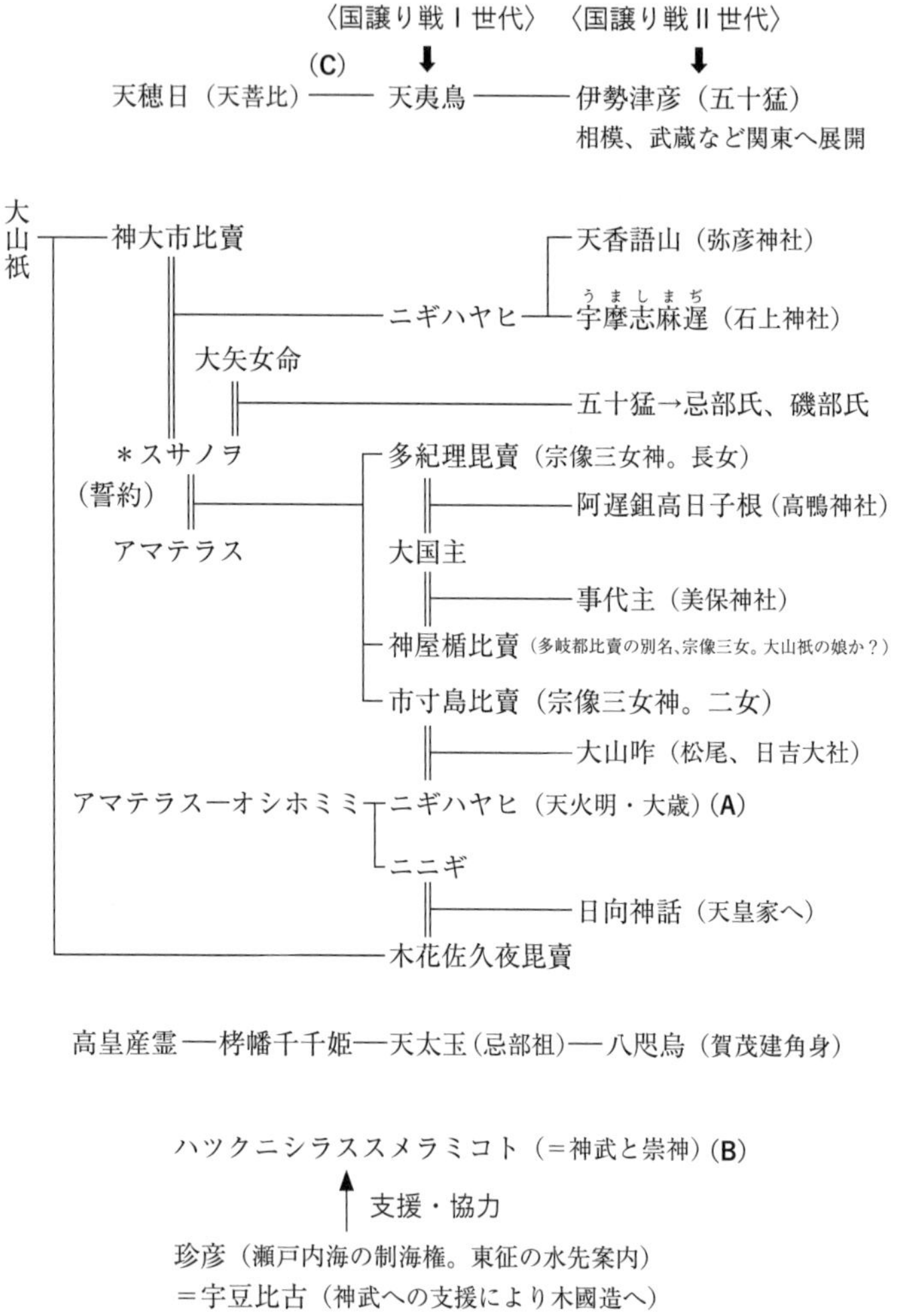
〈国譲り戦Ⅰ世代〉
〈国譲り戦Ⅱ世代〉
(C)
天穂日（天菩比）
天夷鳥
伊勢津彦（五十猛）
相模、武蔵など関東へ展開
大山祇
神大市比賣
天香語山（弥彦神社）
ニギハヤヒ
宇摩志麻遅《うましまぢ》（石上神社）
大矢女命
五十猛→忌部氏、磯部氏
＊スサノヲ
（誓約）
アマテラス
多紀理毘賣（宗像三女神。長女）
阿遅鉏高日子根（高鴨神社）
大国主
事代主（美保神社）
神屋楯比賣（多岐都比賣の別名、宗像三女。大山祇の娘か？）
市寸島比賣（宗像三女神。二女）
大山咋（松尾、日吉大社）
アマテラス—オシホミミ
ニギハヤヒ（天火明・大歳）(A)
ニニギ
日向神話（天皇家へ）
木花佐久夜毘賣
高皇産霊—栲幡千千姫—天太玉（忌部祖）—八咫烏（賀茂建角身）
ハツクニシラススメラミコト（＝神武と崇神）(B)
支援・協力
珍彦（瀬戸内海の制海権。東征の水先案内）
＝宇豆比古（神武への支援により木國造へ）

〈天孫降臨＝神武東征＝崇神渡海〉を同一時期の出来事、即ち「1回限りの国譲り戦」として、主人公たちを同じ系図に載せた。

天孫降臨時のニニギは、天火明（ニギハヤヒ）と兄弟であり（A）、そのニギハヤヒは、東征時の神武対戦相手である。神武は、崇神と同じく「ハツクニシラススメラミコト」とされている（B）。

同じ系図内の血脈関係としたことで、他にも問題点が発生する。例えば神武と崇神を同じ〈国譲り戦Ⅰ世代〉としたため、神武から崇神までの所謂「欠史八代」が系図から抜けてしまうなど、多くの困難がある。

ユダヤ系図もベリアからヨシュアの間の八代が、完全な欠史になっているので、その間の我が方に特筆記事が無くても良いのかもしれないが、各天皇からは多くの有力氏族が分枝しているため、記紀編纂者にはその氏族の有力たる由縁を証明する手立てとして、天皇家との関係を強調したのかも知れない。当然ながらその背景には、それらの由縁を政治的に利用しようとする勢力が存在したのである。

〈①天穂日（天菩比）②天夷鳥③伊勢津彦〉（C）は、天孫系ではあるが、出雲方に味方した3代であったと思われる。①は大国主に媚びて、3年間自陣に何の報告もしなかった。②は出雲の神宝保管責任者を任されていたが、崇神が神宝を見たいと宣《のたま》わったとき、それを献上した。また史料には無いものの、③は伊勢国の管理を担当していたと思われるが、天孫軍が伊勢を攻めたとき、信濃に逃げたと書かれている。しかし実際の伊勢津彦は天孫に伊勢国を譲って、その後は関東へ進出し、相模や武蔵にその名を残している。

ニニギの妻である木花佐久夜毘賣の別名は、（神）阿多都比賣である。ATA－TU－HIME→（H）ATA→HATA。すなわち秦氏の姫である。

また次のようにも変化する。HATA（秦）→（H）ATA→（Y）ATA→YATA（八咫）。八咫烏（YATA－KARASU）も、秦氏の烏である。YATA－KARASUという発音にも、さまざまな想像を加えることができる。KARAとは、加羅（韓）の意味ではないのか。朝鮮半島から伊都国への渡来順・国名をも示している可能性（月支国→加羅国→伊都）はどうか。

月支国（＝YUTU）→HUTU→HOTO→HATA（秦）→（H）ATA（阿多）

加羅国（＝KARA）→KARA－TSU（加羅の津）→KARA－SU（烏）

八咫烏の解釈

八咫烏が登場する場面の『紀』の本文が、理解に苦しむところである。前著「むすびに」の最終部分を再掲する。

『紀』における（中略）本文を確認し、最初にその一般的な解釈を載せる。続いて筆者の想定する語順とその訳を載せる。「今」は「宇」の誤記。また「今」と「遣」が入れ替わって誤写されたものと思われる。

朕今遣頭八咫烏→朕（天照大神）は今、頭（の大きな）八咫烏を（道案内に）遣《つか》わす

朕遣宇頭八咫烏→朕は宇頭《うづ》（＝ユダヤの）八咫烏を（道案内に）遣わす

YATA＝HATA　KARASU＝KARASU－TENGU

八咫　秦氏　烏　烏天狗（＝山伏）

朕遣宇頭八咫烏→朕は宇頭《うづ》（＝ユダヤの）秦氏の山伏を（道案内に）遣わす

紀伊山地を隈なく、鉱物探査に歩き回っていた山伏なら、道案内には最適であった。海の案内は「珍彦」、山の案内は「宇頭八咫烏」という二組のユダヤ系が導き、神武東征は完結したのである。そして山伏は、現在の大峰山《おおみねさん》の修験者に通じている。

八咫烏は下鴨神社祭神の賀茂建角身であるから、「宇頭八咫烏」の意味は「ユダヤ系の秦氏と賀茂氏」ということになる。両氏が相並んで京都盆地の東西に居を構えたことで、平安京造営の骨格ができていったことは、既著で述べた。結果として、神武東征軍の最大の難路、紀伊山地越えを手助けしたことで、その後の一族の繁栄が約束されたのである。

東征時の天皇家を支援することで、政治的に優位な位置を確保する（予定の）一族は、当時の紀州に集結してきた。生駒越えで長髄彦と戦い、苦戦の末に兄・五瀬命を失った神武が退却した所が紀州であったから、ここで支援を受けることは、神武にとっては恩賞ものの有難さであったに違いない。

国譲り戦のまとめ

以下、神武の大和での敗戦から紀州への退却、さらに宇陀野に至るまでの、大まかな経過である。3分割された「国譲り戦」の主人公たちが、一堂に会した戦況として描写してあるので、神話としての厳密さには欠けているが、その分、緊迫感が出ていると思う。

・天孫ニニギの案内役が猿田彦である
・同神は天孫降臨前、既に朝鮮半島の安羅（後述）に在って、ニニギを待っていた
・同神は、ニニギが「筑紫の日向の高千穂の槵触峯」に到ることを予告する
・また猿田彦自身は、伊勢の五十鈴の川上に到ることを予告し、天鈿女と一緒に伊勢へ
・天孫降臨の前段階として、対出雲との「国譲り戦」が開始された
・この戦いでは事代主の失態から、出雲本国の大国主が建御雷に敗れた
・建御雷はさらに信濃（諏訪）で建御名方を撃破し、常陸にまで攻め入った
・大和のニギハヤヒは、緒戦から、西国と関東を押さえられたことになる
・その結果としてニギハヤヒにとって、瀬戸内海の制海権が最重要になった
・しかし制海権を左右する出雲系越智氏が、出雲敗戦により、天孫側に陣営を移った
・ニギハヤヒの窮状を見て、息子の宇摩志麻遅が裏切る決意を固める
・神武軍は長髄彦に正面攻撃をかけたが敗退、紀州へ退却する
・神武の兄・五瀬命を紀州の竈山に葬る

・出雲傍流の五十猛は神武に帰順し、その葬儀に協力した
・五十猛は、神武軍が紀伊山地を越え、奈良盆地の東・宇陀野に進軍するのを助けた
・神武軍の別動隊は、熊野から伊勢へ→伊勢津彦（五十猛）軍の中の戦闘派を攻略
（戦闘派は、敗れて信濃へ。伊勢津彦本隊は、関東に新しい封土を得た）
・紀伊山地越えには、地理に詳しい専門集団が道案内をした
　高倉下＝天香語山（伊福部氏、尾張氏、越智氏）。八咫烏（秦氏、賀茂氏）
　　戦後に、神剣韴霊は崇神から物部氏の石上神宮へ移祭
　想定される道順→鵜殿村（熊野川河口）～熊野川沿い～宇陀野（奈良盆地東側）
　　　〈UDO－NO　　紀伊山地　　UDA－NO〉
・長髄彦への正面攻撃＝太陽に向かう→敗戦・反省→太陽を背にした宇陀野から進撃
　（奈良盆地の西側からの攻撃）　（奈良盆地の東側からの進撃）
・物部氏の祖・宇摩志麻遅が伯父の長髄彦を殺し、父のニギハヤヒを裏切った
　裏切りの童歌《わらべうた》＝カゴメ唄（鶴＝物部神社の神紋。亀＝出雲の神紋）
　　→同盟関係の「鶴と亀」が「すべった（離反した）」
　　裏切りの時刻＝「夜明けの晩（悩んだ末の明け方に）」
・天皇家は大喜びし、その後の物部氏を優遇した

・敗れたニギハヤヒ（大物主）は、三輪山の祟り神になって崇神を苦しめた
・崇神渡来軍によってもたらされた天然痘が、その祟りの原因ではなかったか
・崇神は大物主を宮中から外に出した
　↓最終的には倭姫によって、猿田彦の子孫が住む伊勢へ遷座した
・また神剣師霊《ふつのみたま》は、大物主の子孫である物部氏に返却した
・神武東征（国譲り戦）↓支援・協力者への恩賞↓国造人事などで、各地に豪族化した
・戦前の邪馬台国＝卑弥呼＋ニギハヤヒ　↓　戦後＝卑弥呼＋崇神
・卑弥呼は第1回遣使を魏に　↓　邪馬台国の統治体制が変わったことを報告
・〈天穂日（天菩比）－天夷鳥《あめひなとり》（建比良鳥《たけひらとり》）－伊勢津彦〉は、出雲寄りの3代であったが、天孫系の情報収集などを担当したのか、戦後の国造人事では優遇された

以下のように、実際の国造人事では、「伊勢津彦」の名で、関東に登場する

　相武國造《さがむのくにのみやつこ》
志賀高穴穂朝《しがのたかあなほのみかど》（成務天皇：筆者注）の御世《みよ》に、武刺國造《むさしのくにのみやつこ》の祖《みおや》・伊勢都彦命《いせつひこのみこと》の三世《みつぎ》の孫《みまご》・弟武彦命《おとたけひこのみこと》を以《も》て、國造《くにのみやつこ》に定賜《さだめたま》ふ。
（『旧事本紀』巻第十「國造本紀《くにのみやつこのふみ》」）

第二章

神々は北を目指す

7. 関東に進出する渡来人

関東に配置された天穂日とその子孫

天穂日とその子孫たちが、国造として任命された国々を挙げてみる。細かい系図説明は避けて、それら国名だけを列挙すると次のようになる（『先代旧事本紀』「国造本紀」）。

相武《さかむ》國造（相模国－神奈川県）
无邪志《むさし》國造（武蔵国－埼玉県・東京都・神奈川県）
胸刺《むさし》國造（〃　－　〃・〃・〃　）
上海上《かみつうなかみ》國造（上総国－千葉県）
伊甚《いしみ》國造（上総国夷隅郡－千葉県）
菊麻《きくま》國造（上総国市原郡－千葉県）
阿波《あは》國造（安房国－千葉県）　→　安房移住の忌部氏と重なる

（神八井耳命の八世孫が印波《いには》國造・千葉県　↓　印旛沼《いんばぬま》が在り、忌部氏と重なる）
下海上《しもつうなかみ》國造（下総国－千葉県）
新治《にひばり》國造（常陸国新治郡－茨城県）
高《たか》國造（常陸国多賀郡－茨城県）

現在の東京湾沿岸地帯に、天穂日に連なる出雲系一族が配置されたことが分かる。
「国造本紀」による彼の子孫たちを、分かる範囲で一続きの系図として記す。

略号の例：A①　↓　A天穂日命の一世孫
　　　　　B③　↓　B伊勢津彦命の三世孫
　　　　　C⑩　↓　C二井之宇迦諸忍之神狭命の十世孫

A天穂日《あまのほひ》（天菩比）命－天夷鳥《あめのひなとり》命－B伊勢津彦《いせつひこ》命－C二井之宇迦諸忍之神狭《ふたゐのうかもろおしのかむさの》命－B①－B②・C①－B③・C②（弟武彦《おとたけひこの》命＝相武國造）－C③－○－A⑧（忍立化多比《おしたてけたひの》命＝彌都侶《みつろ》岐《ぎの》命＝上海上國造）（＊へ続く）

＊－A⑨（比奈羅布命《ひならふの》＝新治國造）
　├A⑩（大伴直《おほとものあたひ》大瀧《おほたき》＝阿波／安房國造）－〇
　└A⑩（彌佐比命《みさひの》＝高國造）

－〇－B⑪・C⑩（兄多毛比命《えたもひの》＝无邪志國造）
　├C⑪（伊狭知直《いさちのあたひ》＝胸刺國造）
　└C⑪（大鹿國直《おほかくにのあたひ》＝菊麻國造）

C⑩とC⑪の親子は、それぞれ无邪志國造、胸刺國造となった。現在の武蔵国である。東京湾に面した旧国をこの系図に出る順で観察すると、天穂日の関係者がどのような順で、どこに配置されたかがよく分かる。

相武國　→　上海上國（総國）　→　安房國　→　无邪志國　→　胸刺國

无邪志《むさし》國と胸刺《むさし》國の両国は、使用する文字は違っても同じ発音〈MUSASI〉であり、いつの頃か本家争いをした、その名残のような雰囲気がある。金達寿先生の『日本の中の朝鮮文化1』（講談社文庫）によって、筆者はその事実を教示された。すなわち中島利一郎氏の説を引用して、先生は次のように記す。

それからまた、鳥居竜蔵氏らとも近しかったらしい中島利一郎氏は、この武蔵というのは朝鮮語のムネサシ（宗城《むねさし》・主城《むねさし》）から来たものだとして、次のように書いている。

武蔵が朝鮮帰化族の中心たるを示す言葉として、宗城・主城の意を以て、そうした地名が生じたものと思われる。而《しか》して同じ『国造本紀《くにのみやつこほんぎ》』に、武蔵国造と胸刺《むねさし》国造と二国造の併立するは、同族の分裂して勢力を相争うに基するのではないか。（中略）武蔵国内に於て、勢力二分して、足立郡方面と、多摩郡方面とに相分れ、一は大宮の氷川《ひかわ》神社を中心とし、一は府中の大国魂《おほくにたま》神社を中心とし、それぞれ祖神を相斎《いっ》き、相分るるに至ったと解して可《よ》いのではなかろうか。（中略）

此《かく》の如《ごと》くして、武蔵国内だけでも朝鮮帰化族は二分裂し、武蔵、胸刺《むねさし》と各割拠《かっきょ》するの形勢を取ったが、其の意は共に同じく「宗城」「主城」である。而して武蔵に於ける朝鮮帰化族は自ら武蔵を以て帰化族の本家とする考えで、此の如く宗城、主城の意を以てムサシといったのであるが、武蔵以外朝鮮帰化族は、相模にもいた。この相模に於ける帰化族は、相模高麗寺山を中心とし、武蔵のそれに対抗して、相模を以て帰化族の本家とし、ここを帰化族の中心地と考え、武蔵のサシに対し、相模を「さねさし」即ち真城《さねさし》といった。弟橘媛《おとたちばなひめ》の歌に、

さねさし相模の小野にもゆる火《ひ》の秀中《ほなか》に立ちてよびし君はも

の枕詞《まくらことば》は、そうして出来たのである。(『日本地名学研究』)

「宗城《むねさし》・主城《むねさし》」の武蔵に対し、相模こそ「真城《さねさし》」であると主張するのである。このように枕詞は、旧国名の成立ちを説明するための補強材料にもなる。

しかし史料によっては、補強にならないケースもある。例えば先の国造名では、B伊勢津彦《いせつひこ》命やC二井之宇迦諸忍之神狭《ふたゐのうかもろおしのかむさの》命からの世代数の違いを考えれば、国造として任命される時期もそれぞれ異なっていたはずなのに、任命時期はすべて、「志賀高穴穂朝《しがのたかあなほのみかど》の御世《みよ》」の出来事になっている(『国造本紀』)。一般的な解釈が許されるなら、ヤマト朝廷における軍事中心の征服事業が一段落して、徴税などの実務面が必要になってきた時期として捉えることが可能であろう。

実際の渡来状況を「枕詞」の意味から推測すると、最初の渡来人たちは「真城《さねさし》」の相模に居住地を定めたと思われる。高麗、新羅また百済や安羅など半島からのそれら渡来人は、その後、関東平野の奥に進出して新たな拠点を開拓し、それぞれ「宗城《むねさし》・主城《むねさし》」という意味の「武蔵(无邪《むさ》志《し》・胸刺《むさし》)」を国名にしたのである。

武蔵に移住した高麗若光の一族

渡来人たちが相模やその周辺に居住地を拡大していったのは何時ごろからか、史料から分かる範囲の調査を、拙著『隠された「ダビデの星」東寺曼荼羅と平城京外京』に載せてあるので、それを転載する。

渡来人の関東移住政策

和暦	西暦	内容
天智5・是冬	666	百済国の男女2000余名を東国に移す
天武4・10・16	675	筑紫より唐人30人を遠江国に安置する
天武13・5・14	684	化来した百済国の僧尼・俗人の23人を武蔵国に安置する
持統元・3・15	687	投化した高句麗人56人を常陸国に移し、田を与える
持統元・3・22	687	投化した新羅人14人を下毛野国に移し、田を与える
持統元・4・10	687	筑紫太宰が献じた新羅人の僧尼および百姓の男女22人を武蔵国に移し、田を与える
持統3・4・8	689	投化した新羅人を下毛野国に移す
持統4・2・25	690	投化した新羅人の韓奈末許満等12人を武蔵国に移す
持統4・8・11	690	投化した新羅人を下毛野国に移す

霊亀2・5・16	716	駿河・甲斐・相模・上総・下総・常陸・下野7国の高麗人1799人を武蔵国に移して高麗郡を設置する
天平宝字2・8・24	758	帰化した新羅の僧32人、尼2人、男19人、女21人を武蔵国に置き、新羅郡を設置する
天平宝字4・4・28	760	帰化した新羅人131人を武蔵国に移す

天智以前のものは史料的には不明であるが、朝鮮半島からの渡来人は、政治方針として関東の諸国に移し、間接的にもヤマト政権の徴税システムに組み入れたと思われる。古来、関東は「東《あづま》国の調《みつき》」を朝廷に納める「半独立国」として、半島国家（三韓《みつのからひと》の調《みつき》）と同じく、朝貢国として扱われてきたのである。

霊亀2年の高麗郡設置では、相模から武蔵へ移された高麗人のことが分かる例として重要である。すなわち「真城《さねさし》」の相模から、「宗城《むねさし》・主城《むねさし》」の「武蔵（无邪志《むさし》・胸刺《むさし》）」へ移住した例である。その主人公の名は、高麗若光《こまのじゃくこう》という。

前掲書の中で先生は、「神奈川県林業指導所のだしたリーフレット『高麗山』から」引用して、地名由来と若光の相模渡来を紹介している。

高麗という地名のおこり　奈良時代に高麗王若光の一族が海路この地に移住してきました。彼等は花水、相模両川の下流原野の開拓を行いながら、大陸の先進文化をひろめました。その後、高麗人は霊亀二年（七一六）に武蔵国（埼玉県入間郡高麗村）に移ったといわれます。現在でも高麗寺、高麗山、唐ヶ浜、唐ヶ原などの地名がのこっており、その当時がしのばれます。

高来神社（高麗神社）　うっそうと樹木のおい繁った高麗山南面の山麓に高来神社、高麗神社、権現さんなどの名でよばれている由緒ある神社があります。（以下略）

（『日本の中の朝鮮文化１』）

高麗若光が相模に渡来する原因となったのは、６６８年の高句麗滅亡であった。唐・新羅の連合軍に敗れたのである。『続日本紀』大宝３（７０３）年に、従五位下の彼は「王」の姓を与えられているから、高麗王族の一人であったと思われる。

四月四日　従五位下の高麗《こま》の若光《じゃくこう》に王《こにきし》という姓を賜わった。

相模に上陸した彼は、高麗王族としてその地の指導者に推されたのであろう。さらに「駿河・

甲斐・相模・上総・下総・常陸・下野7国の高麗人1799人を武蔵国に移して高麗郡を設置する」という朝廷の方針に従って、現在の埼玉県日高市（旧入間郡高麗村）に移った。高句麗の国名を負った高麗神社は、今も彼を祭神として篤く敬い、併せて猿田彦命と武内宿祢命を祭っている。

筆者が家内と一緒に高麗神社を訪ねたのは、2019（令和元）年5月18日である。折から「若光祭《じゃっこうさい》」前日とあって、実行委員会の方々がその準備に大わらわというときであった。地元では、現在も「高麗郡建郡感謝祭」として神幸祭《じんこうさい》や神輿《みこし》渡御《とぎょ》、お田植え体験などが行われ、小学生以上の参加も歓迎されていた。当日は若光の渡来経緯を寸劇として上演するようで、神楽殿の舞台では、出演予定者たちが稽古の真っ最中であった。額に「高句麗」の文字板を付けた男性二人が手を振ったりするので、観客には分かり易い内容になっていた。

神社の一角では「高句麗文化展」が開催され、男性・女性の民族服がきらびやかに飾ってあった。特に女子のスカートの縦じま色模様は、高松塚古墳西壁の女子群像がそのままに思い出され、当時の国際色豊かな関東平野の「渡来の里」を実感できた。

日帰りではあったがその帰路、今の「武蔵野」の風情や如何にと、最寄りの高尾駅から歩いて武蔵野御陵に参拝した。午後の復路は少し蒸し暑くなって駅が遠く感じられたが、きっと年齢の所為である。

高麗若光に関する年表である。朝鮮半島の戦乱は多くの難民を生み、彼らが天智朝を頼って渡海した頃のものである。若光の初出は天智5年に、高麗からの遺いのなかに見出される。おそらくこの「玄武《ぐゑんむ》若光《にやくくわう》」が、のちの高麗若光として相模に現れるのだ。

660年		百済滅亡
663（天智2）年	8月	朝鮮半島白村江の海戦で、唐・新羅連合軍に大敗する
664（天智3）年	5月	唐将郭務悰が、駐留軍として来る
665（天智4）年		遣唐使として、守君大石《もりのきみおほいは》を派遣する
666（天智5）年	正月	高麗（高句麗）の遺いが、調《みつき》を進《たてまつ》った
	6月	高麗の遺いが、帰国した
	10月	高麗の遺いが、調を進った。遺いの中に「玄武若光」の名
	冬	百済の男女2000人を、東国《あづまのくに》に居《お》く

667（天智6）年	3月	都を近江に遷す
	11月	高安城《たかやすのき》（大和）、屋嶋城《やしまのき》（讃岐）、金田城《かなたのき》（対馬）を築く
668（天智7）年		高句麗滅亡

この年表の簡単な説明である。

・唐を中心にした東アジアの中で、朝鮮半島は三国時代末期の戦乱期にあった
・唐は新羅と組んで高句麗を攻め、660年には百済を滅ぼした↓百済から難民
・百済復興のため日本は朝鮮半島に兵を出したが、白村江で唐・新羅連合軍に大敗した
・敗戦の日本へ、唐は駐留軍として郭務悰を派遣した。中臣鎌足などが手厚く対応した
・敗戦の日本は、防御態勢強化策として、高安城、屋嶋城、金田城などを築城した
・都を近江（琵琶湖畔）へ遷し、進駐軍の動きに備えた
・唐・新羅連合軍は、668年に高句麗を滅亡させた↓高句麗（高麗）から難民
・その後、新羅は半島の覇権をかけて、唐と争った↓朝鮮半島から難民
・676年、新羅によって半島統一が成し遂げられた

668年滅亡の前、日本の援助を期待して、高句麗からの遣使が調を携えて入国してきたが、その遣いの一人「玄武若光」が「高麗若光」であることは、年代・国・人名・官位などを勘案すれば、ほとんど異論がないであろう。そして多くの難民が、朝鮮半島から渡海してきた。彼らは関東に移され、結果として東国は準外国扱いの地域になったのである。その中にユダヤ系の人々もいたことは、既著のあちこちで述べた。

ユダヤ系氏族の関東進出

地名から推理して、相模のユダヤ系は秦氏である。現在の秦野市がそれである。秦氏も高麗氏と同様に、関東の奥に勢力範囲を拡げていった。HATAやHADA、さらにHOTO・HODOなど秦《はた》に関連する地名・郷名が多いことからも、その展開は確実である。

忌部氏も阿波から安房へ、また続けて武蔵南部へとその痕跡を残している。安房（房総半島南部）から東京湾を横切って、現在の鶴見川（横浜市）流域に多数の「杉山神社」を残した。その多くは、「五十猛」を祭神としているから、忌部氏にとっては五十猛が主君だったのである。

そもそも忌部氏と出雲系の神である五十猛は、何時ごろから主従になったのか。忌部氏が住んだ場所は、『古語拾遺』によると次の通りである。記載順ではなく、移動したと思われる順に並び替えて、その国名を記す。多分、最初の「出雲」から最後の「安房」まで、ずっと部下の立場にあったようだ。安房のあとは現在の印旛沼周辺へも、勢力を拡大していったのだろう。

出雲　↓　筑紫　↓　讃岐・阿波　↓　紀伊　↓　伊勢　↓　安房（↓　印旛）

父のスサノヲとともに新羅からやって来た五十猛は、出雲の「簸の川上」の「鳥上の峯」に降って来たから、彼が「出雲国の玉作が祖」である忌部氏と出会ったのは、出雲国であったと思われる。そして出雲本国では傍流であった五十猛が得た国が紀伊であったため、そこでも「紀伊国の忌部が祖」と出会っている。というより、五十猛が忌部氏を連れて来たのであろう。忌部氏は玉作・祭祀（卜占）の家として有名であるが、他の重要技術においても優れていたため、有能な仲間として身近に置くべき人たちであった。筑紫では天目一箇命の子孫として高熱処理＝製鉄を得意とし、四国では木綿・麻・織物などに秀でていた。伊勢では測量技術にも能力を発揮した。斎部広成《いんべのひろなり》著『古語拾遺』には、阿波忌部が房総半島の南部、安房国へ移ったことも記載されている。

天富《あめのとみの》（命《みこと》）、更に沃《よ》き壌《ところ》を求《ま》ぎて、阿波《あは》の斎部を分ち、東《あづま》の土《くに》に率《ゐ》往《ゆ》きて、麻・穀を播殖《う》う。好《よ》き麻生《お》ふる所なり。故、総国《ふさのくに》と謂ふ。穀《(かぢ)》の木生ふる所なり。故、結城郡《ゆふきのこほり》と謂ふ。［古語に、麻を総《ふさ》と謂ふ。今上総《かみつふさ》・下総《しもつふさ》の二国と為す、是なり。］阿波《あは》の忌部《いみべ》の居《を》る所、便《すなは》ち安《あ》房郡《はのこほり》と名づく。［今の安房《あはの》国、是なり。］天富命、即ち其地《そこ》に太玉命の社《やしろ》を立つ。今安房社《あはのやしろ》と謂ふ。故、其の神戸《かむべ》に斎部氏《いみべうぢ》有り。（略）

このように、阿波の忌部氏はその一部が安房郡に転出し、遠祖太玉命を祭神とする安房社を建てたことが分かる。

この忌部氏が東京湾を渡って、鶴見川沿い（横浜市）に杉山神社を創建するのであるが、その史料として、『新編武蔵風土記稿』巻八十五の「都筑郡・茅ヶ崎村」の該当部分を引用する。旧字を新字にして読み易くしたが、やや長い。

杉山神社
見捨地二畝歩　村ノ西北ノ隅ニアリ　コレ神名帳ニノセタル神社ナリト云　或ハ伝フ
左ニアラス　神名帳ニ載タルハ　郡中吉田村ニ坐ス杉山神社　コレナリト　サレト当社小社
ノ内ニ　都筑郡杉山神社トアリ　又続日本後紀承和五年二月庚戌ノ條ニ　当社霊験アルヲ
以　官幣ニ預リシコトヲノス　又同書嘉祥元年五月庚辰ノ條ニ　武蔵国无位杉山名神ニ　従

五位下ヲ授ケ奉ラレシコト見ユ　コレニヨレハ　神田モアリシナルヘケレト　ソレラノ伝モ　皆ウシナヘリ　カヽル古社ナレト　中古ヨリ　オトロエハテ、今ハ　ワツカニ存スルノミ　コヽニ　鍵取トテ　コノ社ノ鍵ヲアツカレル助之丞ト云モノアリ　今ハ　北村ヲ氏トス　カレカ遠祖ハ杉山氏ナリ　ソノ所蔵ノ系図モアリ　又家ニ伝ヘシト云記録アリ　ソノ略ニ云　安房国安房郡安房神社ノ神主　天日鷲命ノ孫由布津主命ノ二十一代ノ孫忌部ノ勝麻呂人皇四十代天武天皇御宇　白鳳三年秋九月　神託ニヨリテ　武蔵国杉山ノ地ニ　太祖高御産巣日太神・天日和志命・由布津主三柱ノ神ヲマツリ　杉山神社ト号スト　云々

この史料によって鶴見川一帯の杉山神社は、安房の忌部氏が、天武天皇の御世に、武蔵国杉山という地に創建したものと分かる。当初は忌部氏に相応しい三神が祭られた、と理解できる。つまり「高御産巣日」は造化三神の二番目に載る神であり、「天日和志（鷲）命」は忌部の祖神である。「由布津主」は、『古語拾遺』「結城郡《ゆふきのこほり》」に関係する神名であり、その意は「穀《かぢ》の木」から作る木綿《ゆふ》に由来する。

この地の杉山神社祭神はほとんどが五十猛を祭るが、しかしこの茅ヶ崎村の杉山神社祭神に、五十猛は居ない。同じ忌部氏にあっても、天日鷲命を奉斎する安房経由の北村氏（杉山氏＝忌部氏）と、五十猛を神とする一団が居たと思われ、鶴見川の付近では五十猛の勢力が優勢であった

といえる。
では五十猛を祭る忌部氏は、どこでこの神を自陣に取り込んだのか。先の行程から判断すれば、紀伊、伊勢といった熊野灘沿岸であったと考えられる。そこには伊雑宮《いざわのみや》や伊射波《いさわ》神社（加布良古《かぶらこ》神社）などの、ＩＳＯという発音をもつ古社が存在する。伊勢神宮さえ、その発音系列の中である。忌部氏の下部組織（磯部氏）が、五十猛をお世話する部民となったとするのが合理的であろう。まとめると次のような図式になる。

五十猛《いそたける》と協働する忌部氏→忌部氏の下部組織＝ＩＳＯ＋ＢＥ→磯部氏→武蔵南部へ進出→ＩＳＯ＋来る（＝ＩＳＯが来た＝磯子区《いそごく》）→磯子区から鶴見川上流へ杉山神社

このように相模や武蔵には、伊勢津彦とその子孫である磯部氏が、紀伊や伊勢方面から移住してきた。さらには秦氏も、秦野（相模）や保土ヶ谷（武蔵）に居たから、当時の有力な氏族は仲間になって移動を繰り返していた、と考えるとスッキリする。特に秦氏は多氏、安曇氏、宗像氏、賀茂氏や和気氏、藤原氏などとも一緒に、時の権力機構にその優秀な技術を提供することで、一族の繁栄を図ってきた。それら有能な氏族は、互いに協力することで各自の得意分野を持ち寄り、効率的な技術提供ができたから、朝廷側が政治・軍事・人事に特化していても、その他の重要な管理機能の維持には困らなかったのである。
その協力体制の中心は、秦氏であった。これまでの史料を精読すると、ほとんどの場面で秦氏が関係する歴史事象に出会う。秦氏は、それらの事業をコーディネートする立場にあったと考えられる。自分の資金や資財の提供にも積極的であったから、政治権力からは信頼される一族であった。従って他の有力氏族も、自然に秦氏と婚姻関係を結んだりして、団結力を強化している。

8．再び猿田彦

五十《いそ》猛＝伊勢《いせ》津彦は、出雲本国では庶流であったため、彼が任されたのは出雲本国や大和盆地ではなく、紀伊国から伊勢国にかけてであった。其処に出雲系の神社・祭神が祭られているのは、周知の事実である。

伊太祁曾《いたきそ》神社（和歌山市）：祭神＝五十猛（出雲系首長スサノヲの子）
熊野本宮大社（田辺市）：祭神＝家都美御子《けつみみこの》大神（スサノヲの別名）

伊雑宮《いざわのみや》（志摩市）：祭神＝天照大御神御魂（スサノヲの子ニギハヤヒ）
（又は「いそのみや」）　ニギハヤヒのフルネームの最初は「天照国照彦」
6月24日は御田植式（磯部の御神田《おみた》）
所管社↓佐美長《さみなが》神社（祭神は出雲系大歳神＝ニギハヤヒ）

伊射波《いざわ》神社（鳥羽市安楽島町）：祭神四柱
1稚日女尊《わかひめのみこと》（天照大神にお仕えした神）
2伊佐波登美命《いざわとみのみこと》（安楽島の二地《ふたぢ》の神。HUTA＝ユダヤ）
3玉柱屋姫《たまはしらやひめの》命（ユダヤ系天御中主尊の子孫天日別《あめのひわきの》命の子）
4狭依姫《さよりひめの》命（＝市杵島比賣／ニギハヤヒの妻）

伊勢神宮内宮（伊勢市）：祭神＝天照大神（旧：男神ニギハヤヒ。新：女神アマテラス）

このように熊野灘の東西には、出雲系スサノヲ・ニギハヤヒ親子をはじめ、ユダヤ系の神も顔を出している。五十猛を奉斎した忌部氏（五十猛の部民としての磯部氏）の先祖「天日鷲命《あまのひわしのみこと》（天日別命）」は、記紀神話の太玉命（布刀玉《ふとだまの》命）の一族である。その「太玉命」の名には大きく「太《ふと》」が冠されて、彼もユダヤ系の一員であることを明かしている（HUTA、HUTO＝ユダヤ。太玉＝ユダヤの玉／勾玉）。

布刀玉命が登場するのは、アマテラスが「天《あめ》の石屋戸《いはやと》」に隠れたため、「高天《たかま》の原皆暗《くら》く、葦《あし》原中國《はらのなかつくに》悉に闇《くら》し」という状態になったときのことである。そこで八百萬《やほよろづ》の神が、「天《あめ》の安《やす》の河《か》原《はら》」に集まって対策を練った。根こそぎにした榊の上枝に勾玉、中枝に八尺鏡《やたかがみ》、下枝には白と青の木綿・麻の布を取り付けて、さらには天宇受賣命《あめのうずめの》が神憑りして踊り、皆で大騒ぎをした。この物音を不審に思ったアマテラスが石屋戸から顔を出す瞬間、天手力男神《あまのたぢからをの》が彼女を無理矢理、そこから「引き出《いだ》す」方策であった。ここには、「太」が多出するのである。

この種種の物は、布刀玉命《の》、太御幣《ふとみてぐら》と取り持ちて、天兒屋命《の》、太詔戸言禱《ふとのりとごとほ》き曰《まを》して、（『古事記』）

以下、天手力男や天宇受賣が次々に舞台を賑わすのである。太御幣＝ユダヤの御幣。太詔戸言＝ユダヤの祝詞。そして既著に述べたように、「天」も「ユダヤ（の）」という意味である。してみると、一般的には意味がよく分からない「太」や「天」を、気軽に使用している「記紀神話」は、対象とする読者も一般人ではなく、ユダヤ系の仲間内での読み物ではなかったか。その証拠に、それらは後世にもほとんど出番がなかったから、江戸時代の国学者たちが注目しなかったら、詳しい研究もなされなかったに違いない。その意味では現代の私たちは、良い研究資料に恵まれていると思う。

さて鳥羽市安楽島の二地はまた、二見にも繋がっている（HUTA－DI→HUTA－MI）。伊勢の二見ヶ浦は有名であるが、此処には猿田彦を祭神とする興玉《おきたま》神社が在る。

「石屋戸」の前で踊るのは「猿女君（天宇受賣）」であるが、彼女の夫・猿田彦の踊る祭が能登半島にある。「能登中島」の「久麻加夫都阿良加志比古《くまかぶとあらかしひこ》神社」の神前である。其処の「祭り会館」の説明によると、毎年9月20日に「お熊甲《くまかぶと》祭《まつり》（枠旗祭《わくはたまつり》）」が行われ、近在からの人出で大いに賑わうという。

平成8年9月16日、天皇皇后両陛下（現上皇・上皇后）は、珠洲市で開催された全国豊かな海づくり大会からのお帰り、翌17日に能登中島に行啓になり、２０００人を超える町民がこの重要無形民俗文化財であるお祭りで歓迎申し上げたのである。郷中の19ヶ村から神社に集合した枠旗・神輿と一緒に、それら猿田彦の神々が一団となって舞う姿に皇后は感激された様子で、御歌を詠まれた。

枠旗の　祭の囃子　きこえ来て　御幸の路に　猿田彦舞う

会館のＶＴＲの解説には、「勢ぞろいした猿田彦の舞には異国の匂いがある」とあった。全くその通りで奈良・天平の伎楽でも見ているような、どこか西域の香りがあった。

後期高齢者のわれら夫婦がこの神社を訪れたのは、令和３年10月２日であった。コロナの第５波も収まりつつあったが、泊まりは避けて日帰りとしたので、時間的な余裕はない。目的の第一は、日本で二番目に長い名を持つというその神社に参拝し、社名を彫った石柱を見ること。第二は、会館で祭の実際の映像を見ることであった。長くて重い枠旗を田圃すれすれまで倒す氏子たちの荒技と、猿田彦の群舞の様子を見たかったのである。特に枠旗は、その先端が地面に着いたらダメだというので、見物人ともども緊張する瞬間である。

映像のことはさておき、長い神社名のことである。「久麻加夫都阿良加志比古《くまかぶとあらかしひこ》神社」。その意味は何であるのか、たいへん興味深い。だが長年、ユダヤに関係する史料を扱ってきた筆者には、そんなに難しいことではない。分解すると、以下のようになる。

神社名↓　久麻加　　夫都　　阿良加　　志　　比古　　神社
意味↓　　高麗来（の）　ユダヤ人　　安羅来　　～の　　男神　　（を祭る）神社

越中守であった大伴家持の万葉歌（巻第十七　4027）には、「熊来」という字が使用されているので、「久麻加」は「熊来」、すなわち「高麗から来た」という意味である。現在の能登中島を流れる川の名は「熊木川」であり、近在の村名には「小牧」があるので一層分かり易い。熊来（能登中島）から珠洲方向に進むと、現在の鹿島に到る。その香島から熊来へ向けて漕ぐ舟の中で、家持が都を恋しく思ったときの歌である。

能登郡《のとのこほり》にして香島《かしま》の津より舟を発《いだ》し、熊来村《くまきのむら》をさして往《ゆ》く時に作る歌二首

4026（略）

4027　香島より　熊来をさして　漕《こ》ぐ舟の　梶《かぢ》取る間《ま》なく　都し思ほゆ

高麗来のユダヤ人、安羅来の男神とは誰のことか。勿論、神前で舞う「夫都（HUTU）」＝

「猿田彦」のことである。「高麗来のユダヤ人」＝「安羅来の男神」＝「猿田彦」である。すると猿田彦は、高麗（高句麗）から新羅を南下し、最終的には南朝鮮の安羅から出雲経由で能登に来たことになる。

猿田彦は伊勢に坐《おわ》す神という認識であった筆者には、能登の猿田彦は少なからぬ驚きであった。この神については、もう一度詳しく調査してみることにする。

同神を祭神とする、もう一つの有名神社が出雲にある。島根半島中央にある佐太《さだ》神社（祭神は佐太大神＝猿田彦大神。八束郡鹿島町＝現松江市）である。神社の案内には、「御本殿三社に十二柱の神々を御祀りしていますが、主祭神 佐太大神は出雲国で最も尊いとされる四大神の内の一柱で猿田彦大神と御同神です。」とある。

更には、猿田彦を祭る白鬚《しらひげ》神社の総本社が琵琶湖西岸に在って、赤い鳥居が湖面に浮かぶ名所である。同神社の説明である。

御祭神の猿田彦命《さるたひこのみこと》は、天孫瓊瓊杵尊《てんそんににぎのみこと》降臨《こうりん》の際に先頭に立って道案内をされた神で、導き・道開きの神として知られている。当社にお祀りされている猿田彦命は白髪で白い鬚を蓄えた老人のお姿で、御社名の由来にもなっている長寿神である。

このように猿田彦は著名な神社に祭られているが、その共通項は海岸・湖岸の港への道案内ではないか。そこから内陸へ進出すると、それらの各地でも崇拝されることになる。そこでこの神は前述のように、朝鮮語の発音としては米田《さる》（大田命）＝猿田《さる》であるが、もう一つのお顔として、港から港へ定期航路を運航する神としては考えられないか。記紀神話の中に、港湾運営者らしき文章はないだろうか。

しかし『古事記』にはそれらしき一文がないため、『日本書紀』から、該当すると思われる部分を引用して考えることにする。引用して推理した結果は次の通りとなる。

天孫ニニギが天降るのを、猿田彦（＝衢神《ちまたのかみ》）が出迎えるが、出迎えた場所は「天八達之衢《あまのやちまた》」と記されている。ここから猿田彦には「多くの道路・海路が分岐する場所の神」という性格が与えられていることが分かる。

猿田彦が出迎えるその目的を、天鈿女《あまのうずめ》に問わしめたところ、その返事は「天照大神の子（孫ではない）」を「迎《むか》へ奉《たてまつ》りて相待《あいま》つ」であった。「天孫」にすべきところを編者が失念したのだろうか。或いは「子＝オシホミミ」を指しているのだろうか。

このあとの二人の会話は、注目に値する。

時に天鈿女、復《また》問ひて曰はく、「汝《いまし》や将《はた》我《われ》に先《さき》だちて行《ゆ》かむ。抑《はた》我や汝に先だちて行かむ」といふ。対へて曰はく、「吾《われ》先だちて啓《みちひら》き行かむ」といふ。天鈿女、復問ひて曰はく、「汝は何処《いづこ》に到《いた》りまさむぞや。皇孫《すめみま》何処《いづこ》に到りましまさむぞや」といふ。対へて曰はく、「天神《あまつかみ》の子《みこ》は、当《まさ》に筑紫《つくし》の日向《ひむか》の高千穂《たかちほ》の槵触峯《くじふるのたけ》に到りますべし。吾は伊勢《いせ》の狭長田《さなだ》の五十《い》鈴《すず》の川《かは》上《かみ》に到るべし」といふ。

（『日本書紀』）

鈿女の問いに対する猿田彦の答は「吾（猿田彦）が天神の子（天孫）を先導する」であり、その場所は「筑紫の日向の高千穂の槵触峯を予定している（到りますべし）」であり、猿田彦自身は「伊勢の五十鈴川の上流に着く手筈になっている」である。

そして皇孫ニニギは、約束の通り、「槵触峯」に天降ることができた。また天鈿女は猿田彦の要請に応えて、彼を伊勢に送っていった。これが『日本書紀』に書かれている内容である。

衢《ちまたの》神としての猿田彦がニニギの前に現れたのは、筑紫に降臨する前であるから、その候補地は、壱岐、対馬そして南朝鮮である。「天八達之衢《あまのやちまた》」に相応しい広い場所は、南朝鮮であろう。ここで先の能登中島「久麻加夫都阿良加志比古《くまかぶとあらかしひこ》神社」という社名の解釈が、極めて重要になってくる。「夫都（ユダヤ）」の猿田彦は、高麗から更に安羅を経て、能登にやって来たという神社名なのである。つまり「安羅」に渡海基地＝港と外洋船を持っていた証拠が、この長い神社名であった。

神社名からの情報＝「港と外洋船の保有」と、「べし＝確実な到着地点の予定」とを組み合わせれば、猿田彦が対馬海峡や日本海を渡海するための航路を確保していたことも分かってくる。その航路は瀬戸内海を通り、伊勢にまで到達していた。伊勢津彦が相模の国造であったことと合わせれば、航路は伊勢から相模、東国にまで延びていたと想像できる。当然ながら能登にも来ていたので、安羅から出雲経由で、若狭や能登（越）までの航路もあった。若狭から比良山脈を越えると、琵琶湖の白髭神社にも達する。

この結論によって、従来の猿田彦神への認識は一変する。彼は「お導きの神」であり、かつ伊勢の地主神、米作と漁を手助けする善神という神格の他に、「外洋航路を持つ神＝渡航の神（渡しの神）」としての素顔を顕したのである。主要な基地港は、朝鮮半島では安羅＝現在のプサン（釜山）付近と、伊都や伊勢などが想定できる。その他に出雲、能登、相模にもあったと思われる。筆者の印象としては、その地域には猿田彦または大山祇が祭られているような気がするので、両者の関係をあとで調べなくてはならない。

ところで、猿田彦の定期航路で安羅から筑紫の伊都国まで渡来したニニギは、その後の実際がどのようなものであったか。最初の降臨予定者であった父のオシホミミが天に還ったため、いよいよニニギが天降る場面である。

然《しか》うして後《のち》に、天忍穂耳尊、天《あめ》に復還《またかへ》りたまふ。故、天津彦火瓊瓊杵尊《あまつひこほのににぎのみこと》、日向《ひむか》の槵日《くしひ》の高千穂《たかちほ》の峯《たけ》に降到《あまくだ》りまして、膂宍《そしし》の胸副国《むなそふくに》を、頓丘《ひたを》から国覓《くにま》ぎ行去《とほ》りて、浮渚在平地《うきじまりたひら》に立《た》たして、乃《すなは》ち国主事勝国勝長狭《くにのぬしことかつくにかつながさ》を召《め》して訪《と》ひたまふ。対《こた》へて曰《まう》さく、「是《ここ》に国有《あ》り、取捨《ともかくも》勅《おほみこと》の随《まにま》に」とまうす。

ここには難しい漢字や使い方がたくさん出ているので、それらを確認しておく。「膂宍《そしし》の胸副《むなそふ》国《くに》」の原文は、「膂宍之空國」となっている。「空國」は、「からくに」または「むなくに」と読むのであろう。

ニニギが降臨する場面の大意は、次のようになると考える。

膂	→	背骨。
宍	→	突きぬけているあな。洞穴。
空	→	うつろ。から。むなしい。
胸	→	むね。むな。宗（宗主国）。
副	→	わかつ。そえる。
胸副国	→	空の国。宗主国＝加羅（安羅）の分国。
頓	→	とどまる。やどる。
覓	→	さがし求める。
浮	→	うく。あまる。

然るのちに、天忍穂耳尊は天にお戻りになった。そこでニニギは「日向《ひむか》の槵日《くしひ》の高千穂《たかちほ》の峯《たけ》」に降臨された。だがそこは国土の背骨（真ん中）が突き抜けた海峡になっていて、朝鮮半島にある宗主国の分国であった。宿にして留まっていた丘を出て、（住むに適当な）国を求めて行くうちに、余った渚に適当な広さの平地があった。そこでこの国の主である事勝国勝長狭《ことかつくにかつながさ》に尋ねると、「ともかくも、ご随意に」と答えた。

何とも締まらない天孫降臨のお話である。このときのニニギは幸運であった。彼が海浜に出て見ると、一人の美人に出会った。彼女の父こそユダヤ系「大山祇神《おおやまつみのかみ》」であったから、自身の配偶者ばかりか、同神のもつ人脈・政治力・財力・交易およびさまざまな技術力を、併せ同時に利用できることになり、結果としてこの国の治者になれたのである。つまり猿田彦が安羅（加羅）から伊都国の唐津あたりに渡海させ、その後の面倒は大山祇がみることになったニニギである。当時の糸島半島の付け根は海峡になっていて、唐津湾と博多湾は繋がっていたのである。

9．猿田彦の伊勢渡来ルート

宇治土公についても「無位宇治土公磯部小紲」と記されており、いまだ位階をもたないが、海辺部族であるべき磯部の苗字を名乗っている。（『猿田彦神社誌』）

「元祖猿田彦神－遠祖大田命（宇治の土神）－宇治土公（磯部族）－磯部氏－度会氏」、と続くこの宇治系譜よって、猿田彦神以下の流れが再確認できる。つまりこれら一族は、「国譲り戦」前に渡来してきた者たちの子孫であることが分かる。伊賀国風土記逸文の最初の部分に、次の記述がある。

伊賀國風土記に曰く。猿田彦神（さだびこの神）、始めて、この國を伊勢加佐波夜之國《いせかざはやのくに》となづけし時に、「二十餘《あまた》萬歳《とせ》この國を知らしき」。

「二十餘萬歳」とはオーバーであるが、猿田彦の系統が、既に長年にわたって伊勢を治めてきたことを述べている。

この系統に属する大田命は、ユダヤ系多氏である可能性があるが、はっきりしない。ユダヤ系多氏の関係者なら、大田命＝宇治土公＝ＵＤＩ（ユダヤの意）となって、伊勢神宮に宇治橋という名称の有名な白木の橋が存在するのも頷ける。

多氏は伊都国王であり、また安曇氏のリーダーになった穂高見命を擁し、現長野県の安曇野へも進出していた。さらには常陸や東北地方（穂高見＝日高見）まで進出していた。その経路の中継場所としては、伊勢は最適な分岐点であった。常陸方面ばかりではなく、美濃や信濃へも通じていたからである。美濃の多氏は、後世の壬申の乱では、天武の片腕であった多品治を出すのである。

神武天皇の子＝神八井耳（多氏の祖）↓秦氏と同族↓秦氏一族の安曇族

多氏＝伊都国王↓後漢や魏の代理人↓漢委奴國王↓安曇族の志賀海神社から金印出土

多氏＝伊都国の王墓（甕棺）から、三種の神器→割れた鏡が出土
多氏＝「宇都志日金拆《うつしひがなさく》命」＝ユダヤの鏡を割る（風習をもつ）首長
　UTU－SI＝ユダヤの
　HIGANA＝日を反射する金属（鏡）
　SAKU　＝割れる（「拆」の意は、「ひび・割れ目」）
『新撰姓氏録』→　安曇連は　綿積神命の児である　穂高見命の子孫
『古事記』　→　阿曇連等は　綿津見神の子である　宇都志日金拆命の子孫
多氏の子孫＝宇都志日金拆命の子孫＝穂高見命（海神綿津見の子）の子孫＝安曇族
〈建借間命＝「那賀国造《なかのくにのみやつこ》が初祖《はじめのおや》」〉→〈那賀国造＝仲國造〉→〈常道《ひたち》の仲國造の祖＝
神八井耳命〉→〈神武天皇次男の神八井耳命＝意富臣（多氏）〉
意富臣（多氏）→建借間命＝鹿島神宮の祭神（建甕槌《たけみかづち》命）
大物主の子孫→建甕槌命の子＝意富多多泥古《おほたたねこ》（大田田根子《おほたたねこ》）→三輪山の大物主を祀る

多氏はまた、次のような連鎖を持っている。

多氏＝秦氏＝安曇氏＝渥美半島⟷猿田彦→白髭＝比良→新羅（ローマ文化王国）

ユダヤ系多氏は新羅を通して、遠くローマに通じていた。（新羅＝新しい羅馬《ろーま》）
このように多氏は大田田根子と繋がっている。名前から判断して、大田命とも関連している。関連を調べるのにたくさんの史料が必要なのは、記紀編纂時に集めた各氏族の伝承を、適宜に使用した結果であろう。生のまま記された伝承に対し、後世の研究者は、それぞれに異なっている同じ人名・神名・地名などを、修正しつつ自説に利用しなくてはならなくなったのである。

多氏はまた凡海連《おほしあま》とも繋がりがある。多氏《おほ》は凡氏《おほ》であり、海人族とも関係があった。『ユダヤ系多氏が語る装飾古墳』の該当部分である。

『新撰姓氏録』右京・神別の項には、凡海連《おほしあま》が記載されている。
479　凡海連　同神男穂高見命之後也（同神とは、海神綿積豊玉彦）
610　凡海連　安曇宿祢同祖　綿積命六世孫小栲梨命之後也

多氏や秦氏、さらには安曇氏とも関連がありそうな猿田彦であるが、この神は一体、どこから伊勢にやってきたのか。神話では天孫ニニギの道案内をしようと、「天《あめ》の八衢《やちまた》に居《ゐ》て、上《かみ》は高天の原を光《てら》し、下《しも》は葦原中國《のつ》を光《てら》す神」であった。その衢神であることを基点にして、前述のように、猿田彦が朝鮮半島からやって来たユダヤ系の神であることを示した。

大田命に関しては、『猿田彦神社誌』により、「元祖猿田彦神－遠祖大田命（宇治の土神）－宇治土公（磯部族）－磯部氏－度会氏」であった。これによって大田命（多氏・凡海氏）も、「国譲り戦」以前の時代から伊勢に渡来してきた先発組の渡来人であった、と理解される。磯部氏（度会氏）も海人族であったから、伊勢・志摩にはまず、安曇族を含めた海人族が渡来してきた。順番として海人族の次には、出雲系の伊勢津彦がこの地に進出した。このように伊勢は、時代によってそれぞれの人名、地名が重なってくる。それらを適切に時代区分して理解しないと、混乱しか生じない。

10．伊勢における猿田彦の実像

さて多氏と猿田彦神の繋がりが見えてくると、今度は多氏の祖である神八井耳（神武天皇の子）と猿田彦の関係が気になる。つまり伊勢神宮に隠されて存在する「ダビデの星」と「虎塚古墳型神影」は、猿田彦渡来のときから在ったのか、天皇家が関係していたのか、という問題である。

結論からいえば、猿田彦の宇治土公側には、そのような気配はない。五十鈴川沿いの遷座地をアマテラスに奉ったが、土公自身の祭場の様子は質素であった。

再び神社誌の記述から、猿田彦側の奉斎場所を確認してみる。

興玉森　月読の宮の南にあり、猿田彦大神の旧地なり。五十鈴の宮地を皇太神宮に奉りて退き給う故、神殿なくして鳥居一基を立たり。御鎮座より以前の地主の神なれば、伊勢国一宮都波岐大明神と崇奉る。

地元の人びとが「興玉ノ森」と称する宇治土公の旧氏神祭場である。（中略）神宮摂社の宇治山田神社が鎮座する。

この記述から分かるように、月読宮の南に「興玉ノ森」があり、猿田彦大神（宇治土公）の旧氏神祭場であった。しかしその土地のうち「五十鈴の宮地」を皇太神宮にお譲りしたので、猿田彦自身には神殿がなく、鳥居一基が立つのみであったという。因みに二見ヶ浦で有名な二見興玉神社の祭神は猿田彦大神であり、「興玉」とは猿田彦大神のことである。
この祭場跡については、さらなる詳細が記される。

今日、宇治山田神社に参拝すると背後の森蔭、北西（乾）隅、東面して村人が年初めに注連縄を張るという石壇がある。明治以前まで宇治土公が祖先祭祀を営んできた祭場跡であり、周囲百二十間半に及んだという佇まいは、内宮板垣内に奉斎する興玉神座の石畳・方角を彷彿とさせる。

（『猿田彦神社誌』）

現在の内宮には四種の垣根があり、内側から瑞垣、内玉垣、外玉垣、板垣の順である。この外玉垣と板垣に挟まれた西北角に「興玉神座」が在って、これが「興玉ノ森」における「石壇」を想起させる、というのである。つまり内宮の乾の隅には、猿田彦大神が鎮座していることを証明している。そして内宮の内玉垣が作る長方形には、「虎塚古墳型神影」が内接しているから、常陸の多氏や秦氏のことをも連想させるのである。

乾の反対、内宮の辰巳（東南）に鎮座するのが屋乃波比伎神である。板垣御門外の石畳に鎮座している。石畳は「興玉神座」と同じだが、門外に置かれるのでやや格下の印象となる。事実、内宮所管社30社を上位から挙げると、滝祭神、興玉神、宮比神に次いで、第4位の格付けである。

通説では、各神の名は以下の通り。

1滝祭神　＝　五十鈴川の水神
2興玉神　＝　猿田彦
3宮比神　＝　天宇受賣（猿田彦の妻）
4屋乃波比伎神　＝　大歳（ニギハヤヒ）の子

興玉ノ森の猿田彦は、鳥居一つと石壇という古式な設《しつら》えの中に鎮座していた。よってアマテラスに譲った内宮の森も、同様に簡素な佇まいであったに違いない。

では昨今のような内宮の姿については、いつごろからその神殿の建築や遷宮用地の確保などが始まったのか。記録によれば、天武および持統天皇からである。式年遷宮を行うと決めたのが天武であり、第1回の遷宮は、持統4年（690）に行われた。

そして内宮主祭神のアマテラスに対し、それぞれの神たちはどのような関係にあったのか、たいへん興味深いテーマではあるが、それはまた機会があったらということにして本題に戻る。

11. 天皇家の事情

本題を別のかたちで表現すれば、それら天皇の考えや行動とユダヤ的な図形には、如何なる関係が存在していたのか、ということである。天皇家の文化的側面が表出したのがユダヤ的図形であると考えれば、両天皇ばかりか、その前の天智天皇やのちの桓武天皇にまで考察の輪を広げてみよう。天智、天武、持統そして桓武天皇は、それぞれがどのような仕方でユダヤ文化へ関与したのかを調査する。

またそれら天皇家に深く寄り添った藤原氏についても、再検討する余地がある。

まず天智天皇の調査対象は、『万葉集』に載る大和三山の妻争いの御歌である。13番とその反歌・14番のことである。特に反歌では、歌の主人公（主語）が述べられていない。それを言わなくても、歌を読んだ人（仲間うち）では十分に理解できる「有名人（神）」が主語になっているからである。

天皇の周囲が、記されていなくても理解したその神の名は、「阿菩《あぼ》の大神」という。天智周辺の支配層には、かの大神の名は言わずもがなであった。前著の「追記10・荒脛巾《あらはばき》」に記したことを、再掲する。

出雲郡（出雲市斐川町）には、伊佐賀《いさか》神社（伊保さん）がある。祭神は阿菩大神《あぼのおおかみ》である。

両神の名を比較してみる。

伊佐賀《いさか》　→　イサカ　→　イサク

阿菩《あぼ》　→　アボ　→　アブ　（→　アブラハム）

「イサク」とセットになった「アブ」は、アブラハムである。

「阿菩大神」のことを理解する現代人が、果たして何人居るのだろうか。然るに、天智天皇は何の説明も付けず、主語の神名も省いて平然としていた。大和三山の妻争いの話も、その最適な調停者「阿菩大神」のことも、さらに大神が調停のために出雲からわざわざ出向いてきた「印南野」（兵庫県加古川市から明石市一帯）のことさえ、ユダヤ系サークルの中では説明不要であったのだ。天智天皇は、そんなユダヤ系サークルの文化に詳しく、無意識にユダヤ文化を背景にした歌を作り、万葉集の編纂者もその御歌に、何の不思議も感じなかったのである。

次は、天武天皇に関するユダヤ的事件を見てみたい。『紀』に載る、天武5年（676）の「新城」選定に着手した記事である。

是年《ことし》、新城《にひき》に都《みやこ》つくらむとす。限《かぎり》の内《うち》の田園《たはたけ》は、公私《おほやけわたくし》を問はず、皆耕《みなたかへ》さずして悉《ことごとく》に荒《あ》れぬ。然《しか》れども遂《つひ》に都つくらず。

この時の新京予定地は大和郡山市新木《にき》であったが、造都に着手しなかった。現在の新木は金魚の町・大和郡山でも本場であるから、当時から低湿の地であったと思われる。新しい都には不適当、と判断されたのであろう。

この通説には、欠点がある。そんな低湿地を新京の予定地に選ぶのは、誰が考えてもおかしい。近くには、もっと適した「新木《にき》」がある。奈良県磯城《しき》郡田原本《たわらもと》町新木《にき》である。最寄りは近鉄笠縫駅で、このあたりは大和盆地の中央にあって、三輪山と二上山という二つの神の山を結ぶ線上の、ちょうど真ん中に位置する。付近には「秦之庄」や「多」といった地名があり、秦氏や多氏の本拠地でもあった。新しい都を自分たちの土地に遷そうと考えるのは、彼らの進取性から見ても、十分ありそうなことであろう。

しかし新京（新益京《あらましのみやこ》＝藤原京）は、大和三山の真ん中に造られた。造都の決定をしたのは天武であったが、彼が崩御のあとは持統に引き継がれ、最終的な工事責任者を高市皇子にして完成した新都であった。実際の遷都は、持統八年（６９４）十二月に行われた。

十二月《しはす》の庚戌《かのえいぬ》の朔乙卯《きのとのうのひ》（六日）に、藤原宮《ふじはらのみや》に遷《うつ》り居《おは》します。戊午《つちのえうまのひ》（九日）に、百官《つかさつかさ》拝朝《みかどをがみ》す。

春過ぎて　夏来《きた》るらし　白《しろ》たへの　衣干《ころもほ》したり　天《あめ》の香久山《かぐやま》（『万葉集』28番「天皇の御製歌《おほみうた》」）

持統天皇には、感慨深い遷都であったと思われる。新都は大和三山に囲まれた中に造られ、その場所の名は「藤井《ふぢゐ》が原」である。『万葉集』52番、作者未詳の歌に出てくる地名である。大和三山と藤井が原に、先の印南野の歌を合わせて観察すると、多くのユダヤ的地名、人名、神名が連出してくる。

ユダヤ系首長の国出雲→伊佐賀《いさか》神社（イサク）→阿菩大神《あぼのおおかみ》（アブラハム）→大和三山（神ヤハウェの三つの山）→藤井《ふぢゐ》（ＨＵＤＩ＝ユダヤ＋ＷＩ＝居《ゐ》る）

「藤井が原」はユダヤの三山に囲まれた地域であり、その中に「藤原宮」を造ったのが、天武とその長子の高市および妻の持統であった。従って、自分の意志で藤井が原を都に定めた天武には、明らかにユダヤ系の素養があった。またそれは、皇后であった持統天皇に反映されていった、と考えられる。

また造都の基準尺（長さの単位）が１尺＝29・６㎝であったと考えられ、藤原京の１坊はのちの平城京と同じく、その正方形一辺は約５３０ｍに設計されていた。それは丁度、１８００尺に相当し、また１２００キュピトの長さでもある（１８００尺×29・６㎝＝１２００キュピト×44・４㎝＝５３２・８ｍ）。

前著に示したように、１尺の１・５倍がちょうど古代ローマの１キュピト44・４㎝に相当する（29・６㎝×１・５＝44・４㎝）から、造都責任者は、天武朝を技術的に支えた外国人であった可能性が高い。先述の「新木」付近に住んだユダヤ系秦氏や多氏、さらに「藤井が原」のユダヤ系の人びとのことを判断材料にすれば、造都の実務責任者は、キュピトという長さの単位に親しんだ西域からの渡来人であったに違いない。

余談ながら、藤原宮を造るための材木は何処から運んできたのか。親切にも、『万葉集』はその道順も示してくれる。50番「藤原宮《ふぢはらのみや》の役民の作る歌」である。「役民」とは、「官命によって労役に徴発された人民」のこと。

この歌に示された地名による、ヒノキ運搬の推定ルートである。

近江国田上山《たなかみやま》の檜《ひのき》→（筏に組んで）宇治川→（巨椋池＝京都市の南部にあった池）→泉川（現在の木津川）→（奈良山）→（佐保川）→（初瀬川）→藤原京

持統天皇は、伊勢神宮内宮をアマテラスの宮とした張本人である。彼女の何処に、ユダヤ的な部分が見えるのか。女帝持統にとってのアマテラスは、皇孫文武への皇位承継には絶対に必要な神話であった。女神アマテラスから天孫ニニギへのバトンタッチがあったという事実を、天皇の権威を象徴する神話世界に前例を創って、自身の皇位を孫に引き継がせることを正当化するのが目的であった。簡単に図式化する。

〈女神アマテラス→天孫ニニギ　≒　女帝持統→孫の文武〉

記紀神話の中でこの図式を完成させた藤原不比等が、天皇家の懐刀になったのは言うまでもない。

ではそのアマテラスとは、何者であるのか。内宮に存在する図形に相応しいような、ユダヤ的特徴が彼女にはあるのか。長くて解釈に困る神名を持つアマテラスであるが、その名に解があると思われる。『紀』「神功皇后　摂政前記」に出てくるその名は、すなわち女帝持統が是非にと、内宮にお招きした女神である。しかし彼女の神名には、「天照」の文字は何処にもない。既に5冊のユダヤ関係本を書いた筆者は、あまり苦労せずに次のような解釈をしているが、一般には受け入れられないかもしれない、と半ば諦めている。

アマテラスの神名：　撞賢木《つきさかき》厳《いつ》之《の》御魂《みたま》天疎《あまさかる》向津媛《むかつひめ》命《のみこと》

（神として）榊に憑依《ひょうい》する伊都《いつ》（ＩＴＵ＝ＹＵＴＵ＝ユダヤ）の御魂、天（＝ユダヤ）を遠く離れて、対馬に向き合うこの地に住む媛アマテラスは伊都国の姫であった、と思われる。神話上では、弟とされるスサノヲと誓約して、三女神と五男神を生成している。

スサノヲ
（誓約）＝
アマテラス

三女神（スサノヲの子）
五男神（アマテラスの子）

三女神（宗像大社の祭神）：1 多紀理毘賣《たきりびめの》命（奥津宮《おきつみや》の祭神）
2 市寸島比賣《いちきしまひめの》命（中津宮の祭神。またの名は狭依毘賣《さよりびめの》命）
3 多岐都比賣《たきつひめの》命（または田岐津比賣命。邊津《へつ》宮の祭神）

五男神：1 正勝吾勝勝速日《まさかつあかつかちはやひ》天之忍穂耳《あめのおしほみみの》命→子が天孫ニニギ→神武へ
2 天之菩卑能《あめのほひの》命→子孫が各地の国造に
3 天津日子根《あまつひこねの》命→子孫が各地の国造に
4 活津日子根《いくつひこねの》命
5 熊野久須毘《くまのくすびの》命

アマテラスとスサノヲの誓約は、外見的には伊都国と出雲国との婚姻関係であった。神々の名から判断できることは、アマテラスの伊都国からは宗像氏が分かれ、同氏がスサノヲの子・出雲勢力圏の海運を担ったこと、スサノヲの出雲国は、アマテラスを祖とする天皇家に繋がっているということ、である。

しかしアマテラスの子である五男神では、持統が望む女神が居ない。そして白羽の矢は、スサノヲの二女市寸島比賣《いちきしまひめ》命、またの名は狭依毘賣《さよりびめ》命の上に立った。

ここまでは著者の推理とはいえ、記紀神話などに書かれた史料に基づいているが、伊勢神宮の大きな謎の前では、猪突猛進で行かなくてはならない。突き進むのである。

持統が選んだ市寸島比賣《いちきしまひめ》命は、またニギハヤヒ（スサノヲの子）の妻であった。その証拠として、「丹後国一の宮　元伊勢籠《この》神社」の旧絵馬に並んで立つご夫婦を載せた（拙著『魏志倭人伝の中のユダヤ』）。このニギハヤヒの本名にこそ、本当の「天照」が冠されているのである。

ニギハヤヒの神名：　天照国照彦天火明櫛玉饒速日命《あまてるくにてるひこあめのほあかりくしたまにぎはやひのみこと》

男神ニギハヤヒの「天照」は、妻の市寸島比賣命の上に移され、彼女は「アマテラス」になった。女神アマテラスの誕生である。神話上も、当然ながら女神アマテラスにしなくてはならない。しかし市寸島比賣が、そのままアマテラスになったのでは世代的にまずい。そこで、彼女の親世代に期待することになった。

本名が長過ぎて、一度読んでも覚えられない「撞賢木《つきさかき》厳之御魂《いつのみたま》天疎《あまさかる》向津媛命《むかつひめのみこと》」が新しいアマテラスになって、スサノヲの相手として登場してくる。神話ではこの夫婦が「誓約」によって結ばれ、宗像三女神などを生んだ。

しかし、まだ難問は続く。向津媛＝女神アマテラスが、自分の「孫」へ皇位を引きわたすための神話を作る必要がある。持統の個人的な事情が、そうさせたからである。だから屋上屋を架すごとき、無用とまでは言わないが不自然な神話が唐突に出てくる。アマテラスは、彼女の太子《ひつぎのみこ》であった天忍穂耳命に、「この国を治めよ」と命じたのだが、事態が急変する。引用部分は、天忍穂耳がアマテラスに、子のニニギ（アマテラスには孫）を降臨させるよう、お願いする場面である。

「僕《あ》は降らむ装束《よそひ》しつる間に、子生《あ》れ出でつ。名は天邇岐志國邇岐志天津日高日子番能邇《あめにきしくににきしあまつひこひこほのに》邇藝《にぎの》命ぞ。この子を降すべし。」とまをしたまひき。（『記』）

この無理が目立つ神話が先例になって、女帝持統は男孫である文武に皇位を継承するための権威付けを獲得することになった。しかし向津媛にとっても、また市寸島比賣にとっても、このアマテラスの役目は迷惑な話であったと思われる。

特に市寸島比賣には、まだ受難が続くのである。というのも彼女の別名、狭依毘賣《さよりびめ》は、さらに分かり難い名に書き替えられた。曰く、「瀬織津姫《せおりつひめ》」という。前著から、該当部分を引用する。

次は、①瀬織津比咩《せおりつひめ》である。『古事記』「天の安の河の誓約」の記述に、彼女が出てくる。

次に市寸島比賣《いちきしまひめの》命。亦の御名は狭依毘賣《さよりびめの》命と謂ふ。

市寸島比賣＝狭依《さより》毘賣 ——→ SA　YO　RI

SE　HO　RI

SE（H）O　RI　TU　HIME（瀬織津比咩《せおりつひめ》）

こちらの結論は、市寸島比賣が瀬織津比咩《せおりつひめ》であると告げている。

内宮の御正殿主祭神は、初めは市寸島比賣＝アマテラス。次に、アマテラスは向津媛になった。では先の市寸島比賣（分身である瀬織津姫）は、どこにいったのか。内宮別宮である荒祭宮《あらまつりのみや》の祭神となって、アマテラスの荒御魂《あらみたま》として祭られている。その文献史料が、『倭姫命世記《やまとひめみことせいき》』であり、「荒祭宮一座」「皇太神宮荒魂」として載っている。

神名八十枉津日神也
一名瀬織津比咩神是也御形鏡座

この荒御魂の神名は「八十枉津日神《やそまがつひの》」と云い、また一名が「瀬織津比咩神《せおりつひめの》」である。そして彼女のお姿は「鏡」である、と記されている。

内宮ホームページには、「荒祭宮は、内宮に所属する十所の別宮のうち、第一に位しています。殿舎の規模も他の別宮よりも大きく、正宮に次ぐ大きさです。ご祭神は、天照大御神の荒御魂」とある。しかし、市寸島比賣や瀬織津姫に関する説明はない。

八十枉津日神とは、黄泉国から帰還したイザナギが、その穢れを滌《すす》ぐときに生まれた神である。『記』では「枉」を「禍」と表記して、禍《わざわい》を呼ぶ神となっている。しかし手厚く奉れば、禍を転じて福となしてくれる神であった。

だから瀬織津姫は、祓いの神でもあった。「大祓祝詞」にも、罪を祓い清める神として、重要な役目を受け持つ。

遺《のこ》る罪《つみ》は不在《あらじ》と　祓賜《はらひたま》ひ清賜事《きよめたまふこと》を　高山之末短山之末《たかやまのすゑひきやまのすゑ》より　佐久那太理《さくなだり》に落多支都《おちたきつ》速川《はやかは》の
瀬《せ》に坐《ま》す瀬織津比咩《せおりつひめ》と云神大海原《いふかみおほうなばら》に持出《もちい》でなむ

罪という罪を大海原に持ち出す役目が、姫の任務であった。

本題に関連するテーマを追って脇道に逸れていたが、伊勢神宮に関与する持統天皇の行動に戻る。内宮の遷宮用地を定め、実際の遷宮を最初に実施したのが持統天皇であったから、ユダヤ的図形が内接する長方形の敷地を許可したのも、彼女であろう。それ以前の荒祭宮がかなり小さな佇まいであったことを思うと、内宮御正殿の用地は、式年遷宮用地を含めて、大規模に拡大された。アマテラスに対する持統の思い入れは、まさに執念ともいうべきレベルにあった。

実際の設計・施工は、内宮の祭祀権を持つ荒木田氏が担当したと考えられるが、はっきりとはしない。数値的な精密さを要する土木工事を遂行できる人たちは、過去にも同じような工事を手掛けた人たちであった。出雲大社旧本殿然り、箸墓然り。そして彼らはユダヤ系としての「天＝

ユダヤ」を冠した人々であった。荒木田氏の遠祖も、ユダヤ系「天見通命《あめのみとおし》」である。
持統女帝にユダヤ的な文化要素が認められるかといえば、よく分からないとするしかないが、内宮の内玉垣の長方形を〈長辺÷短辺＝√3〉としたことが、結果としては、ユダヤの神を内宮に持ち込むことになったのである。

桓武天皇のユダヤ的業績は、一に平安京の造営に尽きる。その外形を成す長方形は、南北（長辺）が5・2㎞、東西（短辺）が4・5㎞と、縦長に造られた。度々指摘しているように、長辺と短辺の比が《2÷√3＝1・1547》の近似値付近にあれば、その長方形には「ダビデの星」が内接している。

5・2㎞　÷　4・5㎞　＝1・1555

1・1555－1・1547＝0・0008　→　100mにつき8㎝の誤差に相当

しかも同天皇の行動には他にも、ユダヤを想起させる「燔祀」という祭祀記録が残されている。長岡京の南郊に位置する、「交野」で行われたものである。これもあちこちに書いてきたから再掲はしないが、「燔祀」は延暦6年（787）11月5日に行われた（『続日本紀』宇治谷孟／講談

登場人物の生・没年一覧

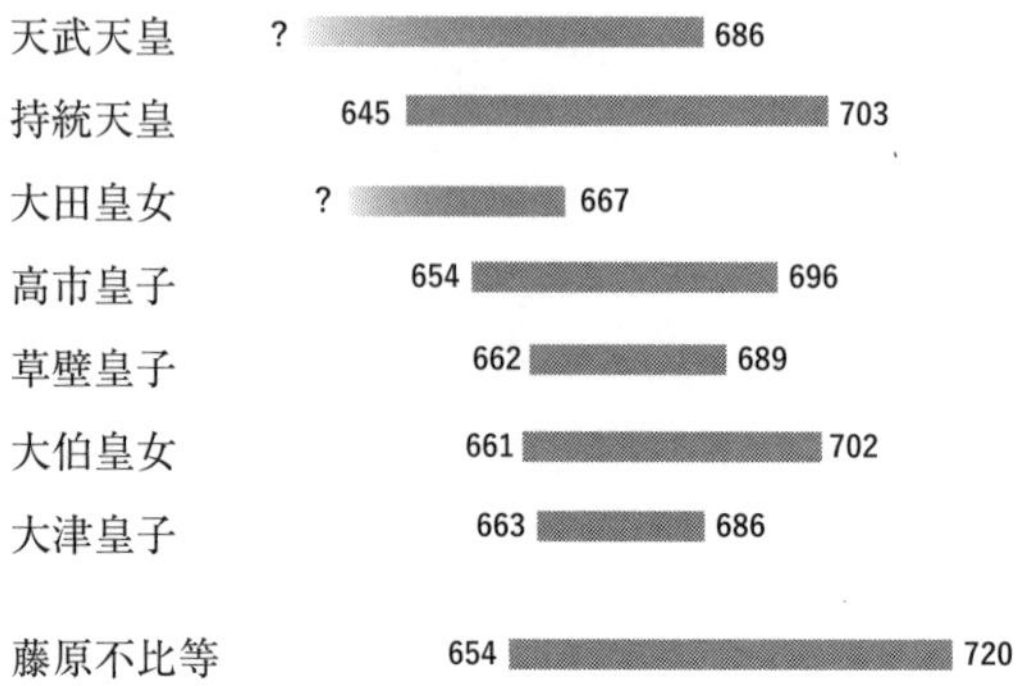

社学術文庫）。

桓武はこのとき、天帝と一緒に父の光仁を祀ったので、形式的には中国式の「郊祀」であるが、「うやうやしく燔祀の儀式」を行ったから、「いけにえの獣肉を焼いて天を祀る」ユダヤ式燔祭を奉げたのである。

記録では延暦4年11月10日にも、「郊祀」を「交野の柏原」（大阪府枚方《ひらかた》市片鉾《かたほこ》本町）で行っている。

このように桓武帝は、ユダヤ的文化を容認する立場にあった。帝の周囲は、藤原継縄や秦氏、和気氏などユダヤ系の面々が固めて、平安京造都計画などを奏上していた。

最後は藤原氏（特に持統の片腕であった不比等）について、伊勢神宮への関与を類推してみる。同氏が法隆寺に積極的に私財を施入していたことは周知の事実であるが、伊勢神宮に対してはよく分からない。不比等がユダヤ系であったことは、拙著『隠された「ダビデの星」東寺曼荼羅と平城京外京』で記したが、伊勢神宮への介入（らしき）は不案内である。持統と二人三脚を行い、政策的にも不即不離の関係にあった不比等であったから、二人を並べて考えてみることによって、何か手掛かりが得られるかもしれない。

　そこで伊勢に関係した主な登場人物の生年を確認し、天皇制の変遷や宗教、政治体制などを点検してみたい。それらの手始めに、斎宮制度の導入から調査する。

　この一覧を見ながら考えると、彼らの身に起こった歴史的事件は、やはり藤原不比等の政治的戦略に左右されていた、としか思えない。生・没年一覧表と、それら事件を対比させて述べてみる。

667		大田皇女（持統の実姉）薨去。子の大伯皇女と大津皇子は、天智が近江京で養育
671		天智天皇　近江京で崩御
672		壬申の乱
	6／24	天武は吉野から東国（伊勢、美濃方面）に。挙兵
		持統は天武に同行。高市皇子は伊賀で天武に合流
	6／26	（大伯・大津姉弟は近江京を脱出し、）鈴鹿関で父天武に合流

	7/22	天武軍、瀬田川で近江軍を破る
672	7/23	大友皇子、山前《やまさき》に隠れて自ら縊死《いし》→天武側の勝利
673	2/27	天武天皇　飛鳥浄御原宮で即位
	4/14	大伯皇女　斎王（斎宮）に選ばれる→斎宮制度の始まり
674	10/9	〃　伊勢の斎宮へ移る
686	9/9	天武天皇　崩御　→　持統称制
	9/24	天武天皇の殯《もがり》
	10/2	大津皇子が謀反
	10/3	大津皇子　賜死（この時、皇子は24歳）
	11/16	大伯皇女　斎王を解任され、京師《みやこ》（飛鳥）に還る→その後も独身
689	4/13	草壁皇子　薨去
690	7/5	高市皇子　太政大臣となる
694	12/6	持統天皇　藤原宮に遷る
696		持統天皇　吉野宮（2/3~2/13）
		〃　二槻宮（3/3~）

	〃　吉野宮（4／28～5／4）
	〃　吉野宮（6／18～6／26）↓　以後、696年中の吉野御幸は無し
7／10	高市皇子　薨去
8／25	多品治　高市皇子に殉死？
10／22	太政大臣高市皇子の薨去により、持統朝の高官人事5人 右大臣：多比《たぢひの》真《ま》人島《ひとしま》 大納言：阿部《あへの》朝臣《あそみ》御主人《みぬし》 大伴宿禰御行 石上朝臣麻呂 藤原朝臣不比等（持統朝での初出記事）

696年の10月、ここで藤原不比等が突然に現れる。初出にもかかわらず第5位の特別扱い、かつ資人《つかさびと》五十人の使用も認められている。「資人」とは、朝廷に仕える舎人《とねり》を私用に使うことが許される制度である。何か特別な貢献があったからに違いないのだが、『紀』は何も語らない。

注目すべきは、天武崩御のあとである。大津皇子と姉の大伯皇女に対する仕打ちが、極めて厳しいものであったことが分かる。大津皇子の謀反は、明らかにでっち上げである。謀反の関係者とされた面々は、その後すぐに許され、寛大な措置を受けているので、次期皇位の有力後継者である大津皇子をレースから排除できれば、その目的が達成されたことは一目瞭然である。

後世の私たちは、同じような事件を知っている。長屋王の冤罪事件である。これによって、〈天武－高市皇子－長屋王〉という天武の有力な男系は、またも絶えてしまったのである。こちらは不比等の息子たち＝藤原四兄弟が企画した捏造事件であったが、大津皇子の件では、『紀』に不比等の名は出てこない。事件の類似性からいって、大津事件が藤原氏の得意な「でっち上げ」による政敵排除方法であったことに、反対する者は誰もいない。

西暦	持統以後の皇位競争者（排除された天武系皇子）	捏造事件の首謀者
686	大津皇子（持統の姉　大田皇女の男子）	藤原不比等？
696	高市皇子（持統の夫　天武天皇の男子）	藤原不比等？
729	長屋王（持統の甥　高市皇子の男子）	藤原四兄弟

大津皇子の謀反は、古来、その事実に疑問が持たれている。日付を追ってみれば、その不自然さが際立っている。10／2→謀反と決めつけて逮捕、10／3→「訳語田《をさた》の舎《いへ》」（奈良県桜井市）において賜死。首謀者とされた二人が伊豆と飛騨に移された他は、捕らわれた「三十余人」は、

全員が赦《ゆる》された。

長屋王事件では、7人が流罪、その他の90人はすべて放免された。大津皇子のケースと同じように、天武に繋がる有力な男系男子（長屋王とその4人の息子たち）を皇位継承レースから除いてしまえば、事件の目的は達成されたので、その他大勢には累を及ぼさず、むしろ早く事件を収めたかったのである。

大伯皇女の生涯も、悲惨であった。13歳で伊勢に下ってから26歳で飛鳥に戻るまで、天武長女の大田皇女を母にもちながら、有力氏族との縁組を否定される「斎王」に選ばれ、子を儲けることすら許されなかった。京師に還ったあとも、然るべき男子との縁組は遠ざけられ、おそらく独身のまま41歳で没した。監視付きの後半生であったと思われる。

いったい誰が、「斎宮」制度を持ち出してきたのか。

藤原不比等その人が、最も可能性が高い人物である。彼の所有地にも等しい平城京外京に「ダビデの星」を内接させ、伊勢神宮にアマテラスを必要とした持統天皇の黒幕であり、その伊勢神宮にも「ダビデの星」や「虎塚古墳型神影」が隠されている。さらに藤原・中臣氏の遠い先祖の地である対馬では、太占によって神意を占った。あるいは太占に必要な鹿骨を準備する階層の出身者であった。
筆者が言わんとする趣旨は、朝鮮半島での神宮制度を知る人間は多く居たであろうし、彼らが渡来して、大和政権にその情報を伝達したであろう。しかし天皇の身近で具体的な神宮の敷地・建物として、その伝達内容を具現化できるのは、持統朝では藤原不比等しかいないということである。そして伊勢神宮の敷地に、それとなくユダヤ的図形を組み込んだ。もちろん人間が見るものとしてではなく、天に坐す神の眼を意識して、天空から見下ろしたときにだけ「ダビデの星」を認識できればよいのだが、皮肉なことにグーグル航空写真では、その神座からの眺めを現代の私たちも認識できるようになってしまった。

すなわち朝鮮の正史の一つである『三国史記』によると、新羅の第一代王となっている赫居世《ヒャクコセ》を祭った始祖廟としてのそれができたのは西暦紀元六年、第二代南解王三年のことであった。これがのち四八七年には「神宮」というものになり、そしてこれの祭祀者である巫女《みこ》としては代々の王の姉妹か、またはいうところの王族の女人があたるものとされていた。
(『日本の中の朝鮮文化』)

伊勢神宮の斎宮は明らかに、この新羅の第一代王の始祖廟に起源を持っている。天皇家の始祖廟である伊勢神宮に、この斎宮制度を適用しようと考えたその目的とは、何であったろうか。持統の立場からは、姉大田皇女の血統を絶やすことが最善であったから、それが第一代の斎王に、大田皇女の娘である大伯皇女を選んだ理由であった。そしておよそ13年間もの長きにわたって、彼女をその地位に留めたのである。

しかしこの発想も、持統自身からのものではなかったであろう。類推の続きは、不比等を指している。なにしろその類の史料がないからやむを得ないが、不比等が発案した制度として考えると、伊勢神宮の遷宮用敷地に存在する図形とも相俟って、彼が最も条件に適合する人物と確信できる。

皇位継承レースに勝利するための不比等の戦術は、硬軟合わせて巧みである。若い大津皇子に豪族などの有力なバックが居ないと見るや、ゴリ押し一本やりで、逮捕と賜死をわずか二日間で実行した。

皇子が頼りにしたのが、実姉の大伯皇女であった。『万葉集』には弟を想う彼女の歌が残されているが、彼の相談相手としては、何の力にもなれなかった姉の無念さが滲む。身に危険を感じた彼がわざわざ斎宮にまで出向いて来たのに、確かな情報や助言を与えることもできず、京師にひとり帰した姉の無力さ、悲しさである。

105　我《わ》が背子《せこ》を　大和《やまと》へ遣《や》ると　さ夜《よ》ふけて　暁露《あかときつゆ》に　我が立ち濡《ぬ》れし
106　二人《ふたり》行けど　行き過ぎかたき　秋山を　いかにか君が　ひとり越ゆらむ

当時の太政大臣であった高市皇子に対しては、実に用心深く対処した。政治判断の最高責任者であった高市皇子は、政務を忠実に処理するため藤原京を離れることができない。しかし一方の持統は、それを任せた側の自由さから、度重なって吉野宮などに出かけた。

このとき何が起こるかといえば、御幸に付き従って、多くの官人が都を留守にすることである。すなわち高市皇子の警護が、非常に手薄になることを意味する。そしてその吉野行きは、今思えば異常な頻繁さであった。

696年の持統天皇の御幸であるが、吉野宮（2／3〜2／13）、二槻宮（3／3〜）、吉野宮（4／28〜5／4）、吉野宮（6／18〜6／26）。そして7／10に、高市皇子が薨去する。以後、696年中の御幸の記録はない。実施された月をみると2〜6月まで、抜けた月がない。天皇の留守が常態化していたことが分かる。つまり高市護衛の手薄化も、やはり常態化していたのだ。

この事実は最早、高市暗殺の伏線として吉野御幸が利用されていた、と判断すべきである。この企画・実行を行った者の記事は、当然ながら残っていないが、太政大臣高市皇子の亡きあとの人事で、突如、藤原不比等が登場してくるので、彼が黒幕であったと推測できる。

高市薨去の記事は、「後皇子尊《のちのみこのみこと》薨《みう》せましぬ。」とだけ、極めて簡単な一文で済ませた。この直ぐあとに続けて、多品治の位階改定に合わせ、物品も下賜されている。記事の連続性からして、多品治が高市皇子に殉死したことを匂わせているのだが、使用された文字から判断すると、生存している彼に新しい位階を「授け」たことになっている。亡くなった重臣への位階追贈は、一般的には次のように記される。

「新しい位階」を以て、「誰々」に贈《おひてたま》ふ。

「贈ふ」ではなく「授け」であるから、多品治はまだ亡くなっていない記事ではあるが、『紀』の編纂者は、位階改定の記事を連続記載することで彼の殉死を暗示し、筆記する者としての良心を見せてくれる。そしてこの殉死のすぐあとに、藤原不比等が登場してくるのである。この続き具合も「黒幕」の存在を前提としたもので、記録者としての矜持が透いて見える。少なくとも日付順という点では、非の打ち所がない記述であった。

12. 伊勢国風土記逸文、その他史料の再調査

猿田彦の渡来経路を、ローマ、ユダヤを出発地として観察すると、ユダヤ系の人々が世界に離散して、その東周りの一団が極東日本へ到達したことの、奇跡的な道筋を眺めることになる。

ローマ、ユダヤ↓（中央アジアの大月氏国）↓中国↓新羅の月支国↓安羅（加羅・韓）↓（出雲、若狭などの日本海沿岸）↓比良↓（琵琶湖畔）↓白髭↓（大和、伊賀）↓伊勢・宇治山田↓猿田彦（＋安曇族）↓渥美（安曇）半島、伊良湖（比良《ひら》＋来《こ》。新羅＝白《しら》＋来《ご》）

『紀』によれば、素戔嗚尊《すさのを》とその子五十《い》猛《たける》命が新羅に降到《あまくだ》ったその場所は、曾尸茂梨《そしもり》(＊)であった。その後二人は新羅を離れ、出雲に渡った。新羅に植えなかった樹種《こだね》を携えて、五十命は「筑紫より始めて」全国を「青山」にし、遂には紀伊国の大神と成った。ここでは出雲系の神々が、海路でも紀伊や伊勢を目指していたことが語られている。紀伊・熊野大社の祭神はスサノヲであるか

ら、この点でも、出雲－筑紫－紀伊－熊野－伊勢という海路移動には整合性がある。伊勢から更なる遠方にも、出雲系進出の痕跡は多い。

『日本の中の朝鮮文化』（金達寿）では、「曾戸茂梨」(*)は次のように説明されている。

> （前略）曾戸茂梨とはいまも朝鮮の江原道春川にある、もと新羅の牛頭山と同義語であったというのがその一つ。
>
> 曾尸茂梨の尸は助詞であるから、その助詞をとるとこれは曾茂梨ということになる。したがって、牛頭というのを朝鮮語で訓読みにすると、これがソモリ（牛頭＝曾茂梨）となるのである。

世界地図で朝鮮半島を調べると、江原《カンウォン》道《ド》春川《チュンチョン》はソウルの北東、漢江の上流（北漢江）に位置している。スサノヲ親子はこのあたりを出発地として、出雲へ渡海してきたのであろう。出雲はユダヤ系首長が支配した国であったから、スサノヲの子であるニギハヤヒも、五十猛（伊勢津彦）と同じくユダヤ系となる。

ここまでの調査では猿田彦や出雲系の伊勢津彦も、ともにユダヤ系という結論になったが、伊勢神宮外宮に「ダビデの星」、内宮に「虎塚古墳型神影」を発見していなかったら、トンデモナイ結論ということになったであろう。

朝鮮半島から渡海してきた猿田彦は、若狭と近江を隔てる比良山脈を越えて、琵琶湖畔では白髭神として、赤い鳥居が湖上に美しい白鬚神社の祭神となった。その名に「HUTA（ユダヤの）－MI（神）＝二見」を冠して二見ヶ浦に到着した猿田彦は、伊勢の国津神となった。天孫より前に渡来したので、「天（＝ユダヤ）」が付かないユダヤ系の神となり、天孫ニニギの道案内をする役割が与えられることになった。

さらに後世での猿田彦の役割は、崇神天皇から同じ宮中に同居することを拒否された大物主（ニギハヤヒ）が、倭姫の御杖に憑いて伊勢まで遷ってきたとき、その御遷座地を提供した。現在の伊勢神宮である。

当初は男神のニギハヤヒを、現在のような女神アマテラスに変えたのは、持統天皇の皇統継承問題に基因していた。問題は伊勢神宮に、「ダビデの星」や「虎塚古墳型神影」がその敷地内に描かれていることである。人の眼には見えなくても、天に坐す神の眼には、それら図形が浮かび上がって見えているのである。誰がそれを企画・決定したかは、既述のように、藤原不比等その人である。

これらの「図形」に関する史料があれば、筆者には心強い味方になる。誰の眼にも触れることがなかった「図形」であるから、その具体的な形を述べたものはないが、「図形」が存在する、あるいは在ったというような記録はないものだろうか。

文献名	宝器の具体名（宝器の詳細）	宝器を投降した神	投降場所
←	←	←	←
1. 伊賀国風土記	三種之宝器	四神之御神	加志之和都賀野
2. 倭姫命世記（垂仁天皇二十五年条）	天之逆大刀・逆桙・金鈴等	大神	宇遅之五十鈴之河上
3. 神名秘書	天之逆大刀・逆鉾・金鈴等	大祖	宇遅之五十鈴之河上
4. 御鎮座伝記	天之逆大刀・天之逆鉾・大小之金鈴五十口・日之小宮之図形文形等	天地之大祖 天照皇大神 天御中主神 神魯伎命《かむろぎ》 神魯美命《かむろみ》	宇遅之五十鈴之河上
5. 神皇正統記	天ノ逆矛・五十鈴・天宮ノ図形	↓大和姫が五十鈴の河上に神宮を建てこれら霊物を五十鈴ノ宮ノ酒殿に納めた	

伊勢国風土記逸文を調べたところ、隣の伊賀国についての逸文を研究した論文の中に、重要な箇所を見つけた。「伊賀国風土記逸文注釈稿」（平松秀樹）のなかの、「図形」に言及した部分であるので、それらの文献名や内容を一覧表にまとめた。

同氏がこの部分を4点にまとめているので、それを引用する。

以上見てきた三種の宝器説話をまとめると、次の四点になる。

①三種の宝器とは、天之逆大刀・逆桙・金鈴であり、日之小宮之図形文形が加わることもある。
②宝器（霊物）は宇治の五十鈴の川上にあり、その地で奉斎されている。また祭っているのは猿田彦神もしくは大田命である。
③投げ降したのは、天照大神・天御中主神・神魯伎命・神魯美命の四神である。
④三種の宝器に関する話は、全て天照大神の鎮座説話の中で語られる。『風土記』では、このうち、①と③は共通しているが、②については大きく改変されている。また④の要素はない。

天照大神の鎮座説話において、宇治の五十鈴川に至ったとき、大田命が宮地を進言する話は、例えば平安時代の『皇太神宮儀式帳』や『太神宮諸雑事記』にも見られるが、（中略）これらには三種の宝器（霊物）についての記述は見られない。これは、宝器に関する説話が中世に至って形成されたことを示すものである。（論文：「伊賀国風土記逸文注釈稿」平松秀樹）

宝器説話は中世になって形成されたことが分かるから、では中世に至るまで、その情報は何処に伝承されていたのか。あるいはなぜ「三種の宝物（神器）」ではなく、「三種の宝器」であるのか。前者が記紀神話によるものであり、後者がその元になった地方史料（情報）であったことにも注意する必要がある。

例えば『神皇正統記』の作者北畠親房が、「カノ天ノ逆矛・五十鈴・天宮ノ図形アリキ」と書いたことが、彼の想像上の図形であるはずがない。南朝を正当な天皇であると主張した彼は、その「図形」も南朝方に有利な情報として挙げたに違いない。

近世になって、外宮や内宮、さらには伊雑宮の参道に林立した献灯の石燈籠に、天皇家の家紋である「菊」の下に、「六芒星」をも入れることを命じた明治期の二荒伯爵（北白川家）は、その図形情報を如何にして手に入れ、石工に刻むことを命じたのか。親房が知らなかった「図形」の正体が、「六芒星」であると、伯爵はどこで知ったのか。伯爵のお陰で、その「図形」が「ダビデの星」であると推測できるうえ、実際にも外宮・内宮には、長方形の内玉垣や瑞垣に内接して、それらは存在していたのである（前著『ユダヤ系多氏が語る装飾古墳』の「むすびに」を参照）。

もう一度、「三種の宝物（神器）」と「三種の宝器」との違いを図解してまとめてみる。

そもそも「宝物（神器）」と「宝器」との大きな違いは、⇕マークを付けた部分の相違点に基因する。情報としては風土記の「宝器」が一次的な史料であり、正史の方はそれに政治的な脚色を施した結果、権力者側の祭政の在り方、都合によって、「宝器」が「宝物」に変えられたと思われる。

一番目に検討すべきは、それらの奉斎者である。天孫ニニギを案内したのが猿田彦であるから、同神が斎《まつ》っていた「宝器」の方が「宝物」より先に、この伊勢には存在していた。同神の女《むすめ》吾娥津媛命は、そのうち「金鈴」を五十鈴川にお守りしていたのである。前掲「注釈稿」から、その該当部分である。

猿田彦神の女《むすめ》、吾娥津媛命《あがつひめのみこと》、四神之御神《よはしらのみかみ》の天上《あめ》より投げ降《くだ》し給ひし三種《みくさ》の宝器《たから》の内、金《こがね》

項目	三種《みくさ》の宝物《たから》（神器）	三種《みくさ》の宝器《たから》		
←	←	←		
内容物	勾玉・鏡・草薙劒	天之逆大刀・逆桙・金鈴・＋日之小宮之図形文形（天宮の図形） ＊風土記では「三種之宝器之内、金鈴」を猿田彦神女吾娥津媛命が守る、という内容		
記載史料	記紀神話	風土記	倭姫命世記	神皇正統記
←	←	←	←	
作られた時代	飛鳥・奈良	奈良	鎌倉中期	南北朝
情報の種類	正史（中央で編纂）	地方史料	天照遷移記	皇統記
神／宝器の下賜者	天照大神・高木神（高御産巣日神）	天照大神・天御中主神・神魯伎命・神魯美命		
神／宝器の奉斎者	天孫族（天皇家）	猿田彦神、その子孫の大田命		
神／宝器奉斎場所	勾玉（玉璽）→宮中 鏡→伊勢神宮 草薙劒→熱田神宮	宇遅之五十鈴之河上（五十鈴川の川上）		

の鈴を知りて守《も》り給ひき。

ここに云う「四神之御神」とは、「天照大神・天御中主神・神魯伎命・神魯美命」の神々である。「天照大神・天御中主神」は『記紀』ではお馴染みの神名であるが、「神魯伎命・神魯美命」は、「大祓祝詞」の最初に登場する「高天原《たかまのはら》に神留《かむづま》り坐《ま》す」二神である。祭神としては、次の神社が有名である。

天照大神　→　伊勢神宮・内宮
天御中主神《あめのみなかぬしのかみ》　→　木嶋坐天照御魂《このしまにますあまてるみたま》神社（京都市太秦）
神魯伎命（神漏岐命）　→　幣立《へいたて》神社（熊本県上益城郡山都町）
神魯美命（神漏美命）　→　〃　〃

大祓祝詞における二神の役割は、八百万の神々を高天原に集め、「神議《かむはかり》」にかけて、「皇孫之《すめみまの》尊《みこと》」をこの国の統治者としたことである。その「安国《やすくに》と定《さだ》」めた国とは、「四方《よも》の国中《くになか》と大倭日《おほやまとひ》高見之国《たかみのくに》」である。すなわち「東西南北の国々」と、「大倭」に属する東北地方の「日高見国」を治国とせよ、命じたのである。

記紀神話では、皇孫が統治すべき国として皇孫ニニギに降臨を命じたのは、「天照大神」であり、命令を実行するのが「高木神（高御産巣日神）」という構成になっている。一方の風土記では命令者の明記はないが、「天照大神、天御中主神」の二神と思われる。そして実行担当の神が、「神魯伎命、神魯美命」である。二神の具体的提案に副って、八百万の神々は高天原に集まり、「神議《かむはかり》」をすることになった。

この二神を祭神とする幣立神社を知る人は、どれだけ居るのだろうか。底面のアーチが美しい石橋・通潤橋の放水景観は有名であるが、神社のことは筆者も知らなかった。熊本（火国）と伊勢。唐突に現れる二神は、どのような経緯で遠く離れた場所に鎮座されることになったのか。誰が二神をお連れして、遥々と旅をしたのか。

遠いこと自体では、驚きはしない。広島県・阿岐《あき》（安芸）の国造には、天湯津彦命五世孫の飽《あき》速玉命《はやたまのみこと》が就き、遠く福島県郡山付近・阿尺《あさか》（安積）の国造は、天湯津彦十世孫の比止禰命《ひとねのみこと》が成っているからである。古代の国造人事は、現代では想像できないくらい無理を承知で、かつ柔軟な適材適所を方針としていたのである。湯津＝ＹＵＴＵ＝ＹＵＴＵ－ＫＩ＝弓月＝秦氏と解釈できるので、この場合の適材とは、秦氏のことである。

幣立神社の神名		記紀神話に登場する神名
↓		↓
大宇宙大和神		
天照大神		天照大御神
天御中主大神		天之御中主神
神漏岐命	➡	高御産巣日神（高木神）
神漏美命		神産巣日神

では「神魯伎命、神魯美命」の二神を、火（肥）国から伊勢国へ誘《いざな》ったのは誰であったのか。史料は無いものの、筆者のこれまでの推理の積み重ねからすれば、多氏と秦氏の組合せが考えられる。また多氏配下の中臣氏も考慮してよい。なぜなら中臣神道の大祓祝詞の初めに、他の神々に号令する二神の名が、重々しくも読み上げられるからである。

しかし今度はなぜ、号令をかけるほど格の高い二神が、火（肥）国という中央から離れた神社に残っていて、他所では馴染みがないのか。確定的なことは言えないが、『記紀』という正史編纂の過程で二神の名を変えた結果、前とは異なる神名で、あちこちの祭神として登場しているのではないか。

『古事記』では、次のように記されている。

ここに高御産巣日神《たかみむすひの》、天照大御神の命《みこと》もちて、天の安の河の河原《かはら》に、八百萬《やほよろづ》の神を神集《かむつど》へに集《つど》へて、思金神《おもひかねの》に思はしめて詔りたまひしく、（以下略）

神々への司令塔である神漏岐命・神漏美命は、記紀神話では高御産巣日神・神産巣日神に変身して語られているように見える。

そして、この国は我が御子（天照大御神の御子）が治めるべきである、と宣言した。最初は御孫ではなく御子（天忍穂耳尊《あめのおしほみみのみこと》）であったが、すぐ皇孫ニニギに変更されたのである。どこか無理が感じられる変更劇があった。この意訳は、前述（この本文ではP107）してある。

然《しかう》して後《のち》に、天忍穂耳尊、天《あめ》に復還《またかへ》りたまふ。故、天津彦火瓊瓊杵尊《あまつひこほのににぎのみこと》、日向《ひむか》の槵日《くしひ》の高千穂《たかち》の穂《ほ》の峯《たけ》に降到《あまくだ》りまして、膂宍《そしし》の胸副国《むなそふくに》を、頓丘《ひたを》から国覓《くにま》ぎ行去《とほ》りて、浮渚在平地《うきじまりたひら》に立《た》たして、乃ち国主事勝国勝長狭《すなはくにのぬしことかつくにかつながさ》を召《め》して訪《と》ひたまふ。対《こた》へて曰《まう》さく、「是《ここ》に国有《あ》り、取捨 勅《ともかくもおほみこと》の随《まにま》に」とまうす。

みっともない降臨時のニニギだが、日向の高千穂の峯に天降るとニニギに告げ、かつその「期《ちぎり》（預言）」の通りに導いたのは「猨田彦大神《さるたひこのおほかみ》」であった。しかし大神自身は、妻と為る「天鈿女命《あまのうずめのみこと》」に送られて、伊勢の五十鈴川に到ったのである。何か無責任にも、ニニギを放り出してしまったようである。ただし『日本書紀』とは異なり、『古事記』における降臨風景では、三種の神器を携え「五伴緒《いつとものを》」を従えて、ニニギは威風堂々と降臨としているので、読む者には違和感が残る部分である。

そして不思議なことは、『伊賀国風土記逸文』にも「胸《むな》（副《そふ》）国《くに》」＝「虚国《むなくに》」が出てくることである。

其国之名未定十余歳。謂之加羅具似、虚国之義也。
其の国の名の定まらぬこと十余歳《ととせあまり》なりき。之《これ》を加羅具似《からくに》と謂ふは、虚国《むなくに》の義《こころ》なり。

伊賀国は十年余りも国名が定まらず、これを「加羅具似《からくに》」というのは、「虚国《むなくに》」という意味である、と述べられている。すなわち虚《むな》は虚《から》（空《むな》＝空《から》）であり、加羅《から》である。半島の加羅国の分国という解釈が、最も相応しいように思える。すると天孫降臨の場所は、その加羅から一海をわたった伊都国、唐津の海浜あたりを分国と考えるのが自然である。従って107ページの意訳では、「朝鮮半島にある宗主国（加羅）の分国」とした。

降臨後のニニギが娶った妻の名は、神吾田鹿葦津姫《かむあたかしつひめ》である。神である吾田鹿葦の姫という意味である。別名は豊吾田津姫、吾田津姫という。

吾田　↓　地名または氏・族の名

鹿葦　↓　地名または愛称

「吾田」と「鹿葦」をこのように決めつけて調査するのは、明らかに禁じ手ではあるが、素人探偵はこれまでもこうしてきたので、意に介さず進んでいく。

まず「吾田」は地名であり、現在の鹿児島県南さつま市笠沙町であると考えてみる。当地の古い郡名は「阿多郡」である。従って東シナ海に臨む野間半島の野間岬が、『紀』に記された「吾《あ》田《た》の長屋《ながや》の笠狭《かささ》の御碕《みさき》」であるという。

地名の類似「吾田＝阿多」・「笠沙＝笠狭」から、有力候補地には違いないが朝鮮半島からは遠く、『記』に云う「韓国に向かひ」という地理的条件には当てはまらない。また鹿児島は、秦氏が移住させられた地であり、秦氏のユダヤ系神話もそれに連れて移動してきたので、「笠狭の御碕」や「高千穂」も九州南部の地名として残ったのである。既著に記したように、その移動経路は〈伊都国の日向→宇佐→大隅〉であり、宇佐地方から大隅半島への強制移住は、五千人規模にも及ぶものであった。その移動目的は、秦氏をして朝廷に従わない熊襲を教導させることにあった。

すると、「吾田」は氏・族の名であると思われる。その名を判断する材料は、『紀』の文章中から探すことにする。

吾田津姫の夫ニニギの母は、高皇産霊尊の女《むすめ》「万幡姫《よろづはたひめ》」である。母親の名前は、明らかに秦氏の出であることを示す。また別の箇所で吾田津姫は、その仕事振りから「手玉《てだま》も玲瓏《もゆら》に、織経《はたを》る少女《をとめ》」と表現され、機織りを得意とする秦氏の一族である。彼女の「吾田」は「幡」であろう。

HATA（秦・幡）→（H）ATA → ATA（吾田）

次に「鹿葦《かし》」であるが、伊都国周辺から「KASI」を見つけるのは易しい。

KASI－I → 香椎《かしい》（香椎宮）・福岡市東区香椎
KASU－YA → 糟屋《かすや》（糟屋郡）・福岡県糟屋郡
KASU → 可須村《かすむら》・壱岐島北部の旧村名 → 「笠狭の御碕」候補地

このように「鹿葦《かし》」は、福岡市付近の地名に関連している。彼女の名は「秦一族の出身で、鹿《か》葦《し》に住む娘」＝「神吾田鹿葦津姫《かむあたかしつひめ》」と解釈できる。もしかすると、のちに香椎宮となる聖所の巫女であったかもしれない。「吾田津姫」という名より「木花開耶姫《このはなのさくやびめ》（木花の佐久夜毘賣）」と呼ばれる方が有名な彼女は、秦氏の娘のようであるから、父親の大山祇神は秦の神であったと思われる。これらの名前解析には少し無理矢理なところもあるが、日向神話に則っているので自然な理解に従っていると思う。

万幡姫の父である高皇産霊尊は、娘が「幡」であるから、同尊も「秦氏の祖」である可能性が高い。そして秦氏がユダヤから携えて来た旧約神話を元にして、わが日向神話が形成されたと考えられるので、旧約側のヤコブとこちらの天孫ニニギが、それぞれ同じように姉妹を配偶者とし、その姉妹の容貌まで美醜が一致するのは、偶然ではあり得ない。

13. 猿田彦と大山祇は異名同神か

もう一度、猨田彦（猿田彦）を中心にして、これらの天孫降臨神話をまとめてみる。

・猿田彦と多氏の組合せ
　猿田彦の子孫が大田命（多氏）→宇治土公

・猿田彦と天孫族の組合せ
　吾娥津姫→伊賀比売命・大伊賀姫→伊賀（旧伊勢国）
　＊『記』では、伊賀比売命は大彦命の孫

・猿田彦と安曇族の組合せ
　比良・白髭→伊勢・猿田彦（宇治土公）→渥美半島
　＊宗像族（宗像三女神は、それぞれ出雲首長たちと婚姻関係）

《猿田彦と大山祇を中心とした系図》

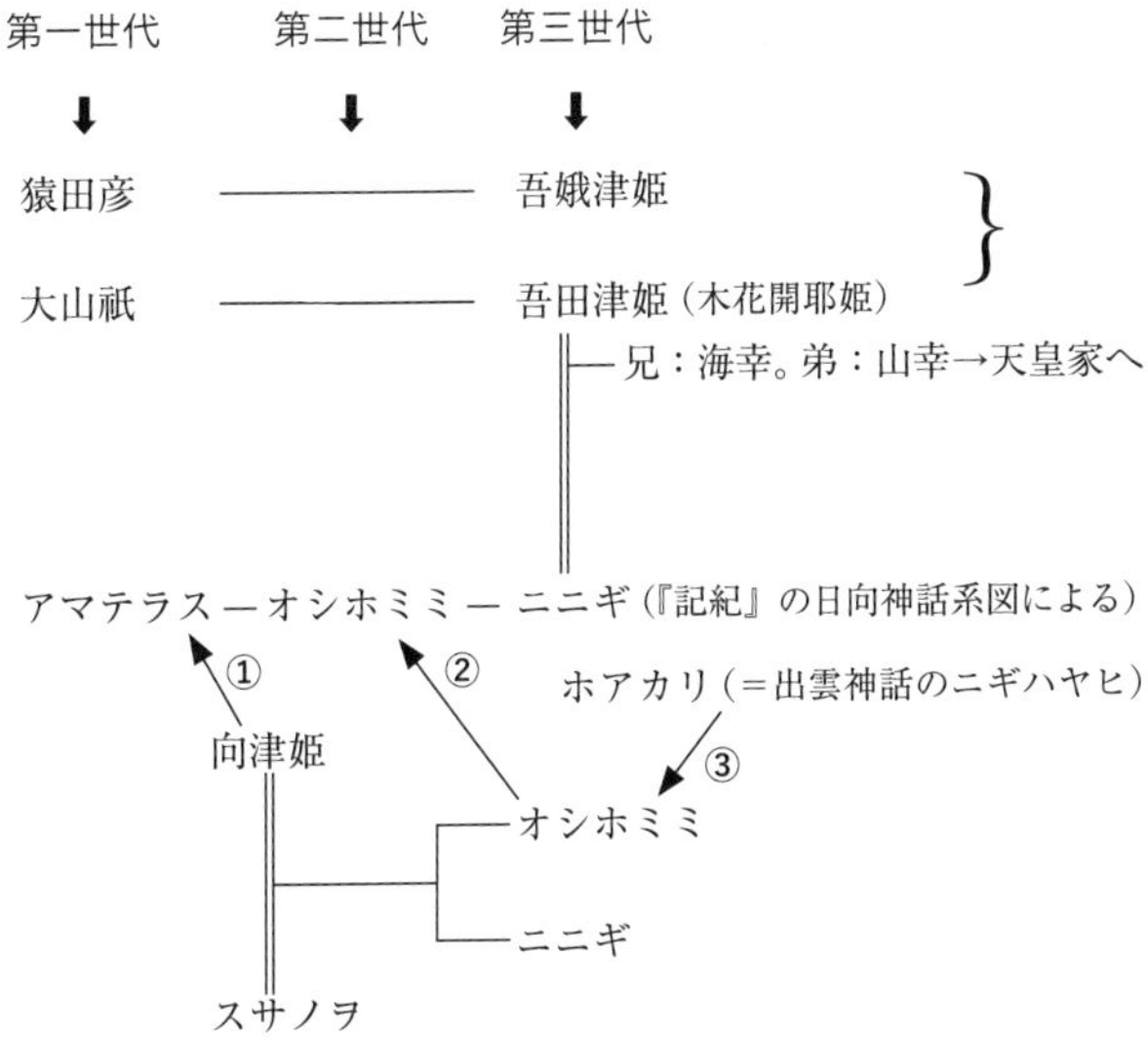

説明：①では、向津姫が第一世代アマテラスの位置に（女神アマテラスの誕生←持統の皇位継承都合）
②では、オシホミミをアマテラスの子とし、彼女の孫ニニギへ皇位を譲る神話創作
③では、オシホミミの空席にホアカリを移し、ニニギの兄とする→日向神話と出雲神話を結合

《出雲系神々を中心とした系図》

大山祇 — アシナヅチ —クシナダヒメ
(スサノヲの嫡妻。八岐大蛇神話の主人公)

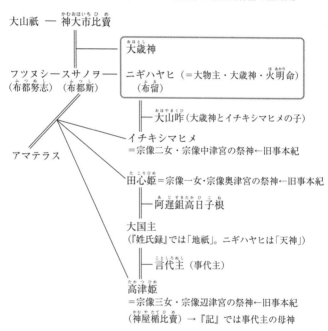

大山祇 — 神大市比賣《かむおほいちひめ》

大歳神《おほとし》

フツヌシ—スサノヲ—— ニギハヤヒ（＝大物主・大歳神・火明《ほあかり》命）
(布都努志《ふつぬし》)　(布都斯《ふつし》)　(布留《ふる》)

—大山咋《おほやまくひ》(大歳神とイチキシマヒメの子)

イチキシマヒメ
＝宗像二女・宗像中津宮の祭神←旧事本紀

アマテラス

田心姫《たこりひめ》＝宗像一女・宗像奥津宮の祭神←旧事本紀

—阿遅鉏高日子根《あじすきたかひこね》

大国主
(『姓氏録』では「地祇」。ニギハヤヒは「天神」)

—言代主《ことしろぬし》（事代主）

高津姫《たかつひめ》
＝宗像三女・宗像辺津宮の祭神←旧事本紀
(神屋楯比賣《かむやたてひめ》) →『記』では事代主の母神

この系図を見ると、改めて疑問が浮かび上がってくる。系図上では、スサノヲとアマテラスの婚姻（誓約）に、世代的な無理・作為があるのではないか（婚姻関係が斜線で結ばれる）、ということである。筆者の推理は以下のようである。しかし、推論に過ぎないので、これらの裏付けとなる史料を探しているが駄目かもしれない。

・アマテラスのフルネーム「撞賢木《つきさかき》厳之御魂《いつのみたま》天疎《あまさかる》向津媛命《むかつひめのみこと》」には、「天疎《あまさかる》」はあっても「天照《あまてらす》」は無い。
・フルネームに「天照《あまてらす》」を持つのは、ニギハヤヒである。彼の名は「天照国照彦《あまてらすくにてらすひこ》天火明《あまのほあかる》櫛玉饒速日尊《くしたまにぎしはやひのみこと》」。見事に「アマテラス」が冠されている。
・ニギハヤヒの父「スサノヲ」と結婚したのが、「向津媛」である。
・二人の子供が、「オシホミミ」と「ニニギ」の兄弟である（推論部分）。
・「向津媛」は、後世の持統女帝の都合で女神「アマテラス」となり、伊勢神宮内宮の祭神となった。
・女帝の都合とは、皇位を孫（文武天皇）へ譲ることであった。そのため神話世界においても、女神からその「皇孫への譲位」を創作する必要があった。
・孫への皇位継承のために、向津姫を第1世代に移動させ、女神アマテラスに（神話捏造）。

このためスサノヲとアマテラスの婚姻線が世代を跨いで、斜線になった。

・向津媛の位置が空欄になるため、オシホミミを移すことになった。

・今度はオシホミミの位置が空くため、ホアカリを移してニニギの兄とした。

・ホアカリはすなわち、ニギハヤヒ＝大物主＝大歳神である。

・天孫ニニギの兄となったホアカリには、「天」が付されて「天火明命」になる。

二人が兄弟になったので、ニニギの日向神話（ユダヤ系神話）とホアカリの出雲神話が関連する話となった。

・『新撰姓氏録』にも、これらの変更が反映されている。「神別」細分には、「天神」と「天孫」および「地祇」の3区分があって、以下のように分類されている。

○ニギハヤヒ（饒速日）には「天」が付かないが、その子孫は「天神」である。

（『姓氏録』の表記は「神饒速日命」で、「神」が付く）

○ホアカリ（火明）の子孫は、「天孫」の分類である。

○スサノヲ（素佐能雄命）の子孫は、「地祇《ちぎ》」である。

○大国主の子孫は、「地祇」である。

○大国主の別名「大己貴命」の子孫は、「地祇」である。

○事代主の子孫は、「地祇」である。
(『姓氏録』の表記は「天乃八重事代主神」で、「天」が付く)

○大物主の子孫は、「地祇」である。(大国主と同一視↓〔古記一云。大物主。〕)

＊従ってニギハヤヒ(火明)を除く出雲系の主な神は、「地祇」に分類される。

○海人の安曇氏と宗像(宗形)氏は、「地祇」である。

○ニギハヤヒの別名「大歳」とその子孫は、『姓氏録』には載っていない。

先の系図でも、宗像の女神の表記は少しずつ異なる。伝承時代が長く続いた結果、その発音にも多少の異同があったものと思われる。TAKIRI-BIME → TAKORI-HIME。
TAKITU-HIME → TAKATU-HIME。

故《かれ》、その先《さき》に生《あ》れし神、多紀理毘賣命《たきりびめの》は、胸形《むなかた》の奥津宮《おきつみや》に坐《ま》す。次に市寸島比賣命《いちきしまひめの》は、胸形の中津宮に坐す。次に田寸津比賣命《たきつひめの》は、胸形の邊津《へつ》宮に坐す。(『記』の表記)

先宗像《まづむなかた》の奥都嶋《おきつしま》に坐神《ますかみ》田心姫命《たこりひめのみこと》↓大国主との子「味鉏高彦根神《あぢすきたかひこねのかみ》」と「下照姫命《しもてるひめのみこと》」
次《つぎ》に邊都宮《へつみや》に坐《ま》す高津姫神《たかつひめのかみ》↓　〃　子「都味歯八重《つみはやへ》事代主神《ことしろぬしのかみ》」と「高照光姫大神命《たかてるひめおほかみのみこと》」

（『旧事本紀』の表記）

（次女のイチキシマヒメとニギハヤヒとの子が「大山咋」）

もう一つの疑問は「吾娥津姫と吾田津姫」が同一人かどうか、即ち「猿田彦と大山祇」が同じ神の可能性があるかどうかである。女神同士は発音が似ているが、父の神名表記はそれぞれ全く違うので、こちらは偶然の産物であろうか。

しかし、である。関連する事件・事象が、『記紀』では連続して語られ、それらが強く結ばれていることを示唆する、そのような例が見られる。言うならば一種の暗示方式で、関係性を記載する方法である。

この暗示形式は、139ページに記載した「高市皇子→多品治→藤原不比等」の例に見ることができる。そんな「連続部分」の記事を、「記載事項」と合わせて一覧にする。

そのあとに、「猿田彦→ニニギ→大山祇（吾田津姫）」が連続する箇所を示す。

「記載事項」

↓

「連続部分（高市皇子関連）」

↓

該当記事の初めの部分	高市皇子　薨去記事（暗殺？）
連続する次の部分	多臣品治（壬申乱の功臣）へ贈位・賜与（殉死？）
連続する続く部分	若桜部朝臣五百瀬（壬申乱の功臣）へ贈位・賜与 藤原朝臣不比等などに、資人を賜与 （資人＝位階・官職に応じて与えられる従者）

このように連続した数行に、薨去・贈位と賜与・資人賜与の記事を載せ、これらが密接に関連していたことを暗示している。

続いて、「猿田彦→ニニギ→大山祇（吾田津姫）」の連続記載を、『日本書紀』から抜き出して見る。

「連続部分（猿田彦関連）」	←	「記載事項」
該当記事の初めの部分	←	天照大神の子、次に子に代えて孫を降《あまくだ》す勅《みことのり》
連続する次の部分		猨田彦が天孫ニニギの道案内をする話
連続する続く部分		（天孫降臨に関する別伝）

連続する再続の部分

天孫ニニギと、大山祇の二人の娘
二女の木花開耶姫《このはなのさくやひめ》（吾田津姫）がニニギの妻

このように天孫ニニギを中心にして、猿田彦と大山祇は一連の話として記載されている。要約すると、騎馬民族首長として倭国に渡来したニニギに対し、降臨場所までの道筋を案内したのが猿田彦であり、同神が天鈿女と共に伊勢に去ったあと、その後の面倒をみたのが大山祇であった。案内した神はともにユダヤ系の豪族で、猿田彦は伊勢の地主神（啓《みちひら》きの神）、大山祇は海神（和《わ》多《た》志《し》大神＝渡し）として、ニニギの覇業を支えたのである。

騎馬民族の政治特性として、外国人が持つ外交・財政・運輸・土木・製鉄・織物などの先進技術を、積極的に利用する文化的下地があった。一般的には騎馬民族は政治・軍事を得意とし、そこに特化した政治体制によって国家運営をしたから、外交など不得意な分野は外国人の能力に頼らざるを得なかった。つまり騎馬民族首長としてのニニギが、渡来の初めからして猿田彦や大山祇などユダヤ系の支援を必要とした事実を、この降臨神話に反映させたのである。

「啓きの神（お導きの神）」「水先案内の神」「渡しの神」は、神話の上ではそれぞれの役割を演じて、重要な場面に登場してくるが、筆者の感じでは「同一神」ではないかという疑念があ

「異名同神の可能性」調査表

調査事項	猿田彦	大山祇	珍彦
①先導された神	天孫ニニギ	天孫ニニギ	神武（東征時）
②先導した場所	対馬海峡	瀬戸内海	瀬戸内海
③別称	啓きの神	渡し（和多志）神	宇豆比古 椎根津彦（瘤ある男）
④海に関する職掌	港・航路保有	渡海業務（和多志）	水先（海道）案内
⑤記録に残る故地	高麗（高句麗＝熊来）	新羅（曾尸茂梨《そしもり》・曾茂梨《そもり》・牛《ご》頭《ず》＝小千命の祖父スサノヲの故地→説明1	珍彦＝秦氏＝弓月君 弓月君の先代＝功満王（＝高麗王）
⑥官職	伊勢国造	（日本総鎮守）	珍彦→倭国造等の祖 宇豆比古→木国造の祖 天湯津彦→阿岐（安藝）と阿尺（安積）国造→説明2
⑦親	ユダヤ系？	ユダヤ系イザナギ・イザナミ	ユダヤ系
⑧子	吾娥津姫	神大市比賣、木花佐久夜毘賣、石長比賣、足名椎（彼の子が櫛名田比賣）→系図参考	

る。すなわち、猿田彦＝「お導きの神」、大山祇＝「渡しの神」、珍彦＝「水先案内の神」の三神は、同じ神威や性格を持つ神として異名同神ではないかと考え、猿田彦、大山祇、珍彦の特色を前ページの一覧にまとめてみた。

説明1：小千《をち》命（越智《をち》氏）の先祖＝スサノヲ－ニギハヤヒ－小千命。神武東征の時、大三島に
大山祇を祭る。ただし小千命にとっては、大山祇は母方の先祖と思われる（スサノヲ
≠大山祇）。→「大山祇を初めとする系図」参考

説明2：珍彦《うづひこ》は天湯津彦《あまのゆつひこ》であり、また宇豆比古《うづひこ》でもある。
珍彦（椎根津彦）　＝倭（奈良県）国造等
天湯津彦の子孫　＝阿岐（安藝＝広島県）国造、阿尺《あさか》（安積＝福島県）国造
宇豆比古（孝元記）　＝木（紀伊＝和歌山県）国造の祖
五十猛　＝紀伊大神（宇豆比古と同一人の可能性もあり）
天日鷲命（忌部氏）　＝伊勢国造（神武の御世。「国造本紀」）
　＝忌部氏は五十猛の部民

山幸彦以下は天皇家の系譜であるが、この系図には、母方の祖として大山祇が居る。また彼の

《大山祇を初めとする系図》

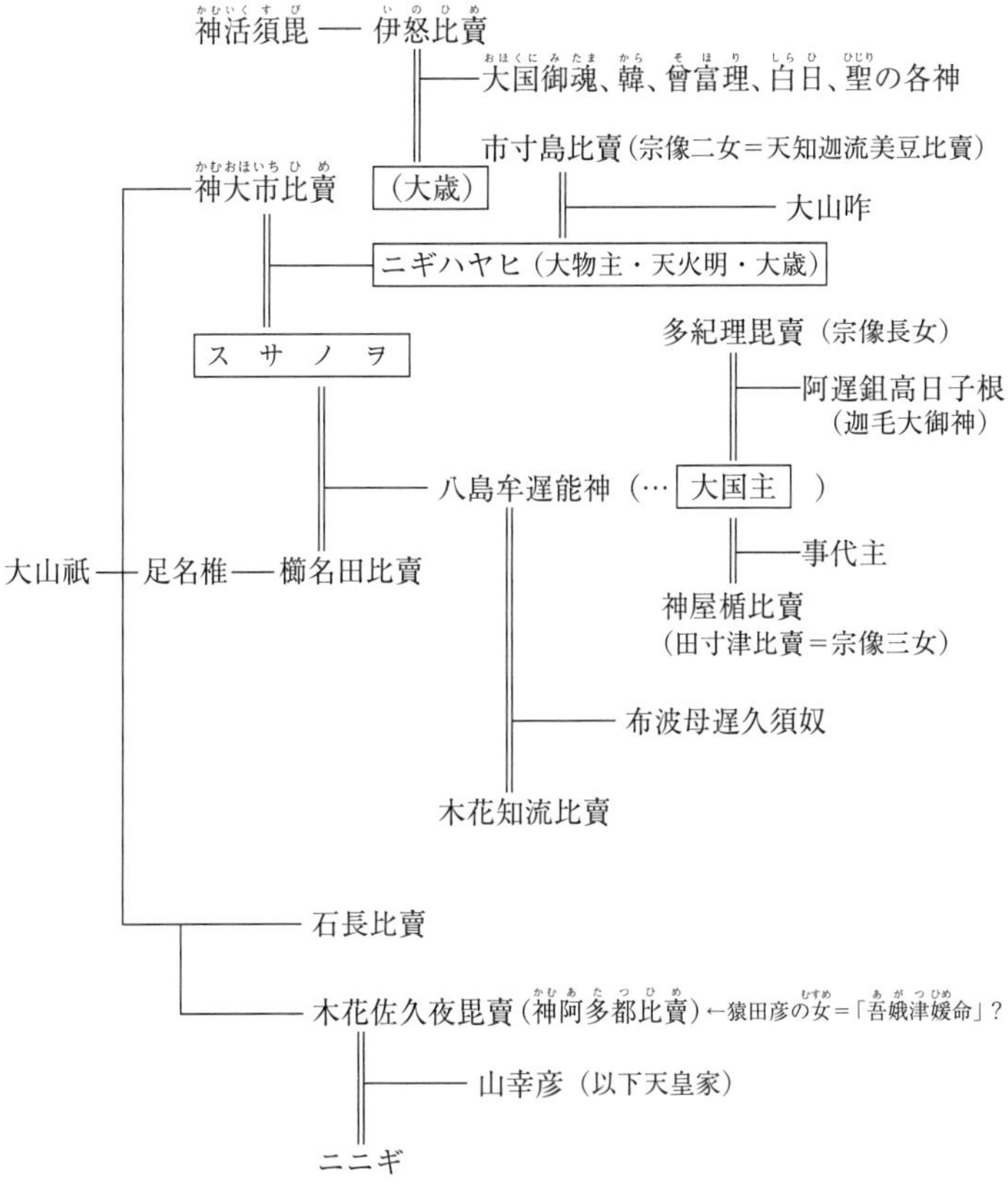

娘、神大市比賣を通して、出雲首長家のスサノヲにも譜系が延びている。そしてスサノヲの子ニギハヤヒ（大歳）のところ（『記』「大年神の神裔」）では、「伊怒比賣」との間に、「大国《おほくに》御魂《みたま》、韓《から》、曾富理《そほり》、白日《しらひ》、聖《ひじり》の各神」が生まれている。

一般に「○○比賣」という場合、そこには地名がくることが多いが、彼女のケースでは「出雲郡伊努郷《いづものこほりいののさと》（伊農）」（『出雲国風土記』）がそれに該当し、現在の出雲大社から見て東南方向に約7～8㎞の位置関係にある。父親「神活須毘《かむいくすび》」の名も、『記』冒頭に出現する「高天《たかま》の原に成れる」「三柱《みはしら》の神」の三番目、「神産巣日《かみむすひ》神」を連想させる。

出雲の初代首長「布都努志《ふつぬし》命」（経津主）は香取神宮祭神として祭られ、その出雲に関係が深い旧香取郡にも伊能郷（成田市）が在ったから、出雲系の人々はその昔、下総国（千葉県）にも進出していたのであろう。武蔵国東部には、氷川神社などの出雲系神社が多いことを考えれば、東隣の下総国にも、たくさんの出雲人が住んで居たと思われる。地名の類縁から無謀な推測すると、伊能《いのう》忠敬（上総生まれ。下総の伊能家の養子に）にも出雲系の進取・開拓性があったのかもしれない。

『記』の史料としては確認できても、そこから先は推量続きになってみっともないが、伊怒比賣の子たちの名前の異様さが気に掛かるのである。「大国《おほくに》御魂《みたま》、韓《から》、曾富理《そほり》、白日《しらひ》、聖《ひじり》の各神」が、それら神々の特徴を示している。偉大さや神聖さを表す「大国御魂、聖」を除くと、朝鮮半島との関連性が際立つ。

韓　→　（朝鮮半島の）韓国

曾富理→ＳＯＨＯＲＩ→ＳＯＨＵＲＩ→ＳＯＨＵＲＵ→ソ＝新羅（の）、フル＝都（韓国の首都）

白日　→　ＳＩＲＡ＝新羅

この関連は、偶然ではない。出雲の伊怒比賣は、朝鮮半島と深い縁のある女性である。だから彼女の子どもは、半島の名称を負っているのだ。そして以後の宮廷でお祭りしている「園神《そのかみ》」「韓神《からかみ》」は、この中の二神であるに違いない。現在の天皇家も伝統に則って、宮中においてこの二神を拝してみえるのである。

先の系図では遠く離れた位置にある天皇家と伊怒比賣の子どもたち（ニギハヤヒの子。スサノヲの孫＝出雲首長家の一員）であるが、二つを結び付けるのが大山祇である。彼は両家に対して、どのような役割を果たしたのか。答は、彼の渡海業務（和多志）にあったと思われる。両家は朝鮮半島から渡海するのに、大山祇の世話になったのだ。

天皇家はさらに、出雲首長家に対しては「国譲り」を強要した負い目もある。だったら直接的に、スサノヲやニギハヤヒをお祭りすればよいのだが、祟神のときに疫病などが蔓延して、その祟る両神を忌避して宮中から外に出した経緯がある。

必然的に彼らの子孫である「園神」「韓神」が、出雲首長家を代理して宮内に鎮魂されることになった、これが真実に近いのではなかろうか。ただ推理の帰着点としては、説得性に欠ける(かもしれない)。

大山祇を中心に考えれば、彼は渡海という危険な業務を通じて、天皇家と出雲首長家を庇護した立場にある。つまり両家＝倭国全体を守っている、と言い換えてもよい。「日本総鎮守」の尊称で信仰される大山祇神社は、まさにその名に相応しい系図上の要に在る。大山祇や三島を冠する有名神社と、その主祭神を挙げる。

三島鴨神社(大阪府)　→　大山祇、事代主
大山祇神社(愛媛県)　→　大山祇一柱
三嶋大社(静岡県)　→　大山祇、事代主
*富士浅間神社(静岡県)　→　木花之佐久夜毘売＝大山祇の娘
大山阿夫利神社(神奈川県)　→　大山祇、高龗神《たかおかみ》(小天狗)、大雷神(大天狗)

神社名が「三島（三嶋）」の場合、祭神に「事代主」が坐すことが特徴的である。事代主は、三穂津姫《みほつ》と共に美保神社（島根県）の祭神である。ただ三穂津姫は大国主の妻ではあるが、事代主の母ではない。事代主は、大国主のもう一人の妻である神屋楯比賣の子であり、彼女の両親の名は、記紀神話には出ていない。そして美保神社の祭神の中にも、比賣や大山祇の名はない。では何故、三島（三嶋）を冠する神社に事代主は祭られるのか。前記神社の祭神だけで判断するのは早計であるが、一応の傾向を把握しておきたい。その前提条件として、次の項目を落としてはならない。

1．大山祇－ニギハヤヒ－小千命（越智氏）と続く系譜。このラインが必須条件である
2．大山祇の娘には、「神○○比賣」（神大市比賣、神阿多都比賣）という共通する名付け方の二人が載っている
3．名付けに共通項を持つ「神屋楯比賣」の親名が、記紀神話においては不明である。名付け方式からすると、彼女は大山祇の娘であろう。この場合、神屋楯比賣＝田寸津比賣＝宗像三女説は不適

神屋楯比賣は、越智氏のライン上にはない。従って事代主も、その系譜上の神ではない。しか

し「三島（三嶋）」系統の神社祭神となっているので、何か別の合理的な理由が必要である。ここが、大きな悩みになる。

一つの仮説であるが、「大山祇と秦氏および越智氏の結びつきには二通りがあった」と考えてはどうだろうか。

a．大山祇と秦氏＋出雲の秦人　↓　三島（三嶋）系神社＝祭神に事代主

b．大山祇と秦氏＋越人（越智氏）　↓　大山祇系神社　＝祭神に事代主なし

大山祇が秦氏に重なることは、前著にも述べた。そして秦氏、さらには部民としての秦人は出雲にも居住していたから、これが「出雲の秦人」である。「国譲り戦」で敗死した出雲国首長の事代主を、出雲での顔見知りとして、自神社（三島系）に祭ったのである。一方の越智氏（小千命）は、大山祇の海人部隊（海軍）として、国譲り戦では出雲方から方向転換して、天孫方に就いた事情がある。このため敗将事代主を、自社の祭神とするのは避けたのであろう。

さて話は、この大山祇（秦氏）が猿田彦や珍彦と異名の同神ではないか、と疑問点を投げかけたところであった。先の「異名同神の可能性」調査表に付した①から⑦までをみると、ほとんど

「異名同神」と断定してもよいと思われる。その理由である。

・それぞれの神は、天孫を導いている
・導く場所は、海上（対馬海峡・瀬戸内海）である
・別称としてあるように、道開き、海を渡す、ユダヤ系（宇豆）の神である
・専門職掌は港・航路・渡海・水先案内である
・出自は朝鮮半島（新羅、高句麗）、さらに遠いユダヤの可能性あり
・海道《うみつじ》を無事に案内した功績により、それぞれの神（その子孫）は、多くの国造に任命された（安藝、紀伊、伊勢、さらに阿尺）

同じ神であるかもしれないのに、どうしてこのような異なった名で祭られるのか。或いは記紀神話などの史料として、何故このように多くの異名で記載されたのか。

天武朝から始まった正史編纂事業では、それぞれの氏族に伝えられた口承史料が中央に集められ、それらをもとに長年の添削・加筆を経てやっとまとめられたのであるが、史料としては生のままで記録されたと思われる。現代の研究者が困っているこの問題は、当時の編纂者の権力者たちへの気遣い・忖度に原因があった。つまりそれらの異名を同定することは、史料提出の氏族に

対して異議を唱えることにもなって、たいへん難しい政治的要素を孕むことになる。氏族が信仰する神名を変更するのは、その氏族の来歴や天皇家との政治的な親しさに修正を加える結果にも繋がるので、関係者には一大事なのである。だから編纂事業の方針として、史料の修正はできるだけ避けることにしたと思われる。

以上の推理が、多くの異名同神を生むことになった経緯であろう。筆者もこの点にはあまり関わらず、そのままやり過ごすことにする。そうしないと、他にも類似の異名同神問題があって、混乱が続くからである。

しかし騎馬の風習を持った五十猛は、騎馬民族の文化特性をそのままに、多くの有能氏族と縁続きになっていた。そんな類縁氏族はそれぞれに、五十猛を祖と仰ぎ、また猿田彦を祭り、大山祇を拝した。彼らに共通する行動特性から何か手掛かりを掴めないか、僅かな希望を持って進んで行こう。

・騎馬集団の支配層は、有能な部外者を活用し、また一緒に仲間を形成した
・近隣に住み、仲間になった有力氏族は、協働して作業効率を向上させた
・これによって、支配層の権力機能もアップした

・紀伊大神の五十猛は、安曇氏、忌部氏（磯部氏）、秦氏、越智氏などと共同体を組んだ
・瀬戸内海から熊野灘（紀伊、伊勢）にかけて、それら共同体の諸氏が活躍した

出雲系小千命が創建した大山祇神社（愛媛県）や、淡路島の伊弉諾《いざなぎ》神宮は機会があればということにして、紀の川から熊野灘に面した神社を調査してみる。そこは出雲系五十猛の影響が顕著なところであり、紀伊・熊野・伊勢といえば、日本を代表する大神たちの鎮まる神社・宮居が点在しているからである。

和歌山市には、五十猛を祭る伊太祁曾《いたきそ》神社が在る。祭神は紀伊大神の五十猛と、彼の姉妹である大屋津姫と都麻津姫である。三神はともに『出雲国風土記』に登場しているから、元々は出雲の神である。五十猛が出雲本国では傍流であったため、紀伊や伊勢を任されていたのである。

その五十猛（伊勢津彦）は、新来の天孫軍神武には協力的であったが、武闘派は神武別動隊の天日別命（度会氏）に敗れ、信濃に去った。五十猛本隊はその協力度合いに応じて、伊勢を離れたあとも関東方面に展開できた。その証拠が横浜市磯子区の名称や杉山神社の祭神五十猛として、今日でも確認できる。

五十猛が去ったあとの和歌山では、日前《ひのくま》神宮（祭神：日前大神＝天照大神）・国懸《くにかかす》神宮（祭

神：国懸大神＝天照大神）が信仰の主流になり、神武軍の守護神アマテラスが紀伊や伊勢に祭られることになってくる。

出雲系の神々が、すべて何処かに追い遣られるということではない。熊野灘には熊野三山が厳然と存在し、いまではユネスコの世界遺産にもなっている。熊野本宮にはスサノヲが祭られているが、「熊野」の元は「出雲の熊野」である。「出雲國一之宮熊野大社」（松江市）が、紀伊熊野の発祥であると思われる。出雲の熊野大社祭神は櫛御気野命《くしみけぬのみこと》（スサノヲ）であり、熊野本宮大社の祭神もスサノヲである。

熊野本宮大社：　家都美御子大神《けつみみこのおおかみ》（スサノヲ）
熊野速玉大社：　熊野《くまの》速玉《はやたまの》大神（イザナギ）、熊野夫須美《ふすみの》大神（イザナミ）
熊野那智大社：　熊野夫須美《ふすみの》大神

熊野本宮（伝　崇神天皇65年）よりあとに創建されたと思われる速玉（伝　景行天皇58年）と那智（伝　仁徳天皇5年）両大社の主祭神は、日向神話の大元を成す神である。出雲系が残る「本宮」に対し、日向系の方が新来であることを意味して、「新宮」と名付けたのであろう。また本宮と新宮が近接する位置に祭られているのは、出雲系と天孫系が血統の面でも、全くの異なる系統ではないことを表明しているのかもしれない。神話的には、アマテラス（日向）とスサノヲ（出雲）は誓約をして、五男・三女を儲けているからである。

五十猛が関東に去ったあとの熊野灘には、興味深い神社がたくさん在る。その筆頭が、志摩国一宮「伊雑宮《いざわのみや》」（磯部の宮。皇大神宮別宮。志摩市磯部町上之郷）である。さらに志摩には別の一宮が在って、こちらは伊射波《いざわ》神社（通称：かぶらこさん。鳥羽市安楽島《あらしま》町・加布良古《かぶらこ》崎）である。

「志摩」という地名でさえ、伊都国に在った怡土《いと》郡と志摩《しま》郡が、伊勢志摩に移動してきたのではないかと疑うほど似ている。移動したのならそれは海人族によってであり、可能性としては、渥美半島にその名を留める安曇族であろう。

そして伊都国の県主の祖について、仲哀紀はその名を「五十迹手《いとて》」と記録している。彼は天皇の筑紫行幸を出迎え、抜き取った賢木に三種の神器を飾って奉った。天皇はこれを喜び、「即《すなは》ち五十迹手《いとて》を美《ほ》めたまひて、「伊蘇志《いそし》」と曰《のりたま》ふ。故《かれ》、時人《ときのひと》、五十迹手が本土《もとのくに》を号《なづ》けて、伊蘇国《いそのくに》と曰《い》ふ。今《いま》、伊覩《いと》と謂《い》ふは訛《よこなば》れるなり」という地名譚である。「伊蘇志」とは、「よく勤めた」ということであるが、その真意は伊都国王の譲位譚ではなかろうか。

伊都県主は、当時の伊都国王である。それが分かるのは、県主の五十迹手が所有していた王権の表象「三種の神器」を、筑紫に出向いてきた仲哀天皇に献上しているからである。三種の神器を持っていた伊都国王の五十迹手が、それを天皇家に譲り、譲ったからこそ、これまで「よく勤めた」と労わってもらった。この委譲によって、伊都国＝一大率の権力機構が、実質的に天皇家に移ったのである。

志摩国の一宮に話を戻すと、旧伊都国の音韻変化は次のようになる。

ＩＳＯ（伊蘇）→ＩＴＯ（伊覩）→ＩＳＥ（伊勢・伊勢志摩）→ＩＳＯ（磯部・伊雑）

伊雑宮祭神：　天照坐皇大御神御魂（アマテラス）
伊射波神社祭神：　稚日女尊《わかひるめのみこと》

アマテラスとワカヒルメは、スサノヲが乱暴をするところに登場する。『日本書紀』では、二神が機《はた》の梭《かび》（横糸を入れた舟型の小道具。ヒ）で傷つく場面が描かれる。すなわちスサノヲが、機屋に馬を投げ入れるところである。

又《また》天照大神の、方《みざかり》に神衣《かむみそ》を織《お》りつつ、斎服殿《いみはたどの》に居《ま》しますを見て、則ち天斑駒を剥《さかはぎには》ぎて、殿《おほとの》の甍《いらか》を穿《うが》ちて投《な》げ納《い》る。是《こ》の時に、天照大神《あまてらすおほみかみ》、驚動《おどろ》きたまひて、梭《かび》を以《も》て身《み》を傷《いた》ましむ。此《これ》に由《よ》りて、発慍《いか》りまして、乃《すなは》ち天石窟《あまのいはや》に入《い》りまして、磐戸《いはと》を閉《さ》して幽《こも》り居《ま》しぬ。

一書《あるふみ》に曰はく、是《こ》の後《のち》に、稚日女尊《わかひるめのみこと》、斎服殿《いみはたどの》に坐《ま》しまして、神之御服《かむみそ》織《お》りたまふ。素戔嗚《すさのを》尊《みこと》見《みそなは》して、則ち斑駒《ぶちこま》を逆剥《さかはぎには》ぎて、殿《みあらか》の内《うち》に投《な》げ入《い》る。稚日女尊、乃ち驚《おどろ》きたまひて、機《はたもの》より堕《お》ちて、持《も》たる梭《かび》を以《も》て体《み》を傷《やぶ》らしめて、神退《かむさ》りましぬ。故《かれ》、天照大神《あまてらすおほみかみ》、素戔嗚尊に謂《かた》りて曰《のたま》はく、「汝猶黒き心《いましなほきたなきこころ》有《あ》り。汝と相見《あひみ》じ」とのたまひて、乃ち天石窟《あまのいはや》に入りまして、磐戸を閉著《さ》しつ。是《ここ》に、天下恒闇《あめのしたとこやみ》にして、復昼夜《ひるよる》の殊《わき》も無《な》し。

スサノヲが出雲神話の主人公なら、アマテラスや稚日女は日向神話を代表する女神である。乱暴な出雲国に困っている伊都国（筑紫の日向）といった物語であるが、実際は覇権国出雲の横暴に業を煮やす伊都、という歴史的構図が見える。

その日向神話の女神を信仰する海人たち（安曇族）が、伊勢にやって来た。大和では一敗地に塗《まみ》れ、大きな痛手を被った神武軍。その一翼を担う海兵として、紀伊から伊勢への海岸線に姿を現した。すなわち天日鷲（天日別）の海兵＝安曇族の海人部隊である。これまでの記述を基に、簡略化した部隊組織である。

神武─┬神武本体（鵜殿から宇陀へ、熊野川沿いの内陸行）
　　　└天日鷲（伊勢方面軍）＋安曇族（戦後は渥美半島、さらに東海道沿いに）
　　　　　＋伊勢津彦（五十猛）の帰順派→関東へ

＊天日鷲（忌部氏、荒木田氏）＝天日別（忌部氏、磯部氏、度会氏）

＊忌部氏から五十猛の部民→磯部氏→伊雑宮、伊射波神社、磯神社（日向系）

＊伊勢津彦の戦闘派→戦後は信濃へ

このような戦いの結果、伊勢方面軍司令官の天日鷲は、神武から、そのまま伊勢国造を任された。彼の子孫（度会氏、荒木田氏）が、その後の伊勢神宮を主宰していくことになる。ＩＳＯ・ＩＳＥが付いた神社には、彼らの出身地を暗示する日向系の神々が祭られた。先述の伊雑宮（アマテラス）、伊射波神社（ワカヒルメ）の他に、元伊勢の一つである磯神社（伊勢市磯町。アマテラス）や伊勢神宮内宮（アマテラス）も、これらの例に漏れない。

それればかりか伊勢の恐ろしさは、アマテラスに近接して、猿田彦や大山祇もいることである。

内宮の宇治橋を渡ると直ぐ左手には、大山祇神社と彼の娘コノハナサクヤヒメを祭る子安神社が存在する。この二神は、伊勢神宮が成立する以前から地主神として祭られていたので、内宮に包摂されるのを氏子たちが拒んだ歴史がある。内宮が立派になるほどに、やや粗末な佇まいの両社は、神宮側には不釣り合いとなっていった。そんな経緯からして、内宮に摂り込まれる側の反感もよく分かる。

宇治橋手前の猿田彦神社は、宇治土公としてこのあたりの大地主であり、アマテラスには内宮敷地を提供した側である。しかしこちらも、立派に整備されていく内宮に対しては、やや複雑な感情があることが読み取れる。その昔、筆者は長野県根羽村の通称「根羽婆さん」と呼ばれる方から、一つの忠告を受けた。「猿田彦さんへお参りしたら、内宮に寄ってはならない」、というものであったが、その真意がやっと解けた気がする。

14. 多氏同族の船木氏

さて猿田彦と大山祇の両神は、ここ伊勢では五十鈴川の河口近くの対岸に、近隣して坐す神であった。異名同神を唱える筆者には、この二神が伊勢では隣同士の地元神であったことは今まで全く知らなかったので、今後の話の展開に希望が持てるのである。記紀神話が語るように、天孫ニニギの道案内をした猿田彦譚の直ぐ後に、コノハナサクヤヒメと大山祇が現れて、ニニギのお世話をする筋書になっている。編纂者の意図としては、これら三神を強い関係で結び、何らかの意味で同じ役割を与えたと思われる。

NHKのBS放送で、「新日本風土記・奥日光」の再放送を見た筆者は、興味深い映像に釘付けになった。山深いその川俣地区には、村で信仰する「山神さま」の掛け軸を当番の家がお預かりして、翌年には次の家に手渡ししていくといった風習がある。その神像というのが、兜巾を額に付けた天狗姿の猿田彦であったから、驚くと同時に考え込んでしまった。一般的には「山神」は大山祇のことであるが、ここでは猿田彦になっている。

川俣地区の東北10㎞ほどの所に、湯西川という地区がある。こちらの湯殿山神社には、猿田彦率いる行者たちが行進するお祭りが行われる。出羽三山の湯殿山からこちらに勧請した神社だから、祭神は出羽と同じく大山祇である。出羽から奥日光にかけて、人々の信仰対象の神名は、名こそ違え、同じ神であると思われる。

大山祇　＝　山神（湯西川）┐出羽三山の湯殿山との
山神　　＝　猿田彦（川俣）┘関係が深い奥日光の神

大山祇も猿田彦も、ユダヤ系の神である。日光そのものがユダヤ系の地名であるから、こちらはそんなに驚くには当たらない。

二荒《ふたら》山神社のある日光は、次のように変化した。二羅《ふたら》（ＨＵＴＡ＝ユダヤの＋ＲＡ＝国）→二《ふた》荒《ら》（ＨＵＴＡＲＡ）→二《にっ》（日）＋荒《こう》（光）→日光《にっこう》。また宇都宮は、ＵＴＵ（ユダヤ）ＮＯ（の）ＭＩＹＡ（宮）であるから、栃木県北部には、ＨＵＴＡ（二荒山）、ＵＴＵ（宇都宮）、ＹＵＴＵ（ＹＵＤＵ。湯津上）、ＨＵＤＩ（藤原）、ＵＤＩ（氏家）などのユダヤ系地名が多く見られる。

再び伊勢の神々であるが、多氏から分かれた船木氏のことも気になる。多氏の祖である神八井耳命から分岐していく氏族名の最後の三つは、伊勢や尾張の人々である。特に「船木直」は、住んだ場所が伊勢だからである。

神八井耳《の》命は、意富臣、小子部連、坂合部連、火君、大分君、阿蘇君、筑紫の三家連、雀部臣、雀部造、小長谷造、都祁直、伊余國造、科野國造、道奥の石城國造、常道の仲國造、長狭國造、伊勢の船木直、尾張の丹羽臣、島田臣等の祖なり。
（『古事記』）

まず、伊勢に住んだ船木氏の概要である。データとしては、地名から調査する。すると、船木郷・船木郷（布奈木の郷）の所在を調べていた先人がみえる。何事にも先達のご努力は、後人にとっては有難いものである。

最初は、百科事典「マイペディア」（カシオ版）が掲げる「船木」関連項目である。

船木田荘《ふなきだのしょう》　↓　東京都八王子市から日野市
船木荘《ふなきのしょう》　↓　近江国　蒲生郡（琵琶湖東岸）および　高島郡（琵琶湖西岸）
船木関《ふなきのせき》　↓　琵琶湖の湖上関（造船用木材の集散地）

これらの史料からは、船木氏が造船関係の木材を扱う人たちであり、造船そのものを手掛けていたと推測される。彼らの住んだ場所が海浜に近いならその確度が高くなるので、以下の調査にも造船業からの視点が必要である。そして彼らの一族は、多摩川を遡って八王子周辺にも居所を構えていた。

次に、ホームページ「神奈備」に載るデータを利用する。旧伊都国から（1）日本海側を北上するコース、（2）瀬戸内海・太平洋側を北上するコースおよび（3）九州に分けて、それら地名を考察する。

（1）日本海側北上コース
①安芸国高田郡船木郷（広島県北部、島根県邑智《おおち》郡に隣接。江の川上流）
②因幡国（鳥取市船木。千代川東岸、国府町に隣接）
③丹後国竹野郡舟木の里（京都府京丹後市。竹野川支流）
④近江国蒲生郡船木郷（滋賀県近江八幡市。琵琶湖沿岸）
⑤能登国珠洲郡（石川県七尾市。七尾湾沿岸）
⑥福島県会津若松市
⑦秋田県

（2）瀬戸内海・太平洋側北上コース

⑧山口県厚狭郡楠町舟木（山口県宇部市。有帆川下流、瀬戸内海へ）
⑨安芸国沼田郡船木郷（広島県三原市。瀬戸内海・沼田川下流、賀茂郡に西接）
⑩安芸国安芸郡船木郷（広島県呉市。瀬戸内海沿岸）
⑪愛媛県新居浜市（新居浜市船木）
⑫岡山県吉井町（岡山県赤磐市。吉井川中流。下流に秦氏居住地、備前長船など）
⑬播磨国賀茂郡椅鹿《はしか》山（兵庫県、加古川支流東条川。船木連）
⑭徳島県美馬郡（吉野川中流）
⑮淡路国津名郡（兵庫県淡路市舟木。舟木石上神社・「伊勢の森」）
⑯大阪府茨木市（淀川北岸）
⑰伊勢国多気郡相可郷（三重県度会郡大紀町船木。宮川中流）
⑱伊勢国朝明郡（三重県四日市市）
⑲尾張国山田郡船木郷（愛知県春日井市周辺）
⑳美濃国本巣郡船木郷（岐阜県瑞穂市。揖斐川中流）
㉑遠江国蓁原郡船木郷（静岡県島田市。大井川河口）

㉒下総国海上郡船木郷（千葉県銚子市。利根川河口）

（3）九州

㉓長崎県平戸市（平戸島南部の東岸）
㉔大分県大野郡（豊後大野市）
㉕鹿児島県薩摩郡（さつま町船木）
㉖鹿児島県日置郡（船木神社。祭神＝猿田彦と大山積　→　猿田彦≠大山積）

㉖では祭神としての猿田彦と大山積は、別名の異神として区別されている。従って、先述の異名同神説には大きな疑問が付く。奥日光のあたりでは両神は混同されていたが、日向神話の故郷でもある鹿児島では、両神は明らかに別神である。考え方としては、ニニギとコノハナサクヤヒメを軸に、その前を猿田彦、その後を大山祇が「お導き」したとするのが素直な結論であろう。

しかしこの船木神社が、両神ともに祭神としてお祭りしているからには、社伝として二神に深い関係・事情があったと認識していたことを示すものだ。だからその関係性如何では、まだ異名同神とする余地が有るかもしれないので、新しいデータが出てきたら、筆者はまた再挑戦する積りだ。

さて当然ながら、これらの地名全部が船木氏の居住地であったという保証はない。其処が造船適地であり、またその木材集散地として相応しい場所であるなら、同氏が居を構えていた可能性は高い。

更に造船の主な発注者は、海人（海神）や海運業者、渡海請負業者である。また政治権力者か又はその代行者など、多額の税物収支を管理する人たちも該当する。彼らと密接な関係を築いている造船氏族は、例えば多技能集団秦氏や造船に必要な鉄製道具類を製造できる人々と、お互いに得意業務を補完しつつ合理的で効率的な作業を行い、発注者の期待に応えなくてはならない。従って近隣氏族に、秦氏や製鉄業を専門とする氏族の存在が確認できれば、彼らと協業する船木氏を想定しても良いであろう。

そこで船木氏が多氏の同族であること、多氏と秦氏が近住して濃い血縁関係にあったことなどを考慮すれば、船木氏と秦氏が隣接する地域も、「多（船木）－秦連合」の重要地域として調査する必要がある。

前記（2）－㉑：遠江国蓁原《はいばら》郡船木郷（静岡県島田市。大井川河口）付近の地図を、もっと細かく調べてみよう。すると「応神記」に「榛原氏」の祖「大山守命」の反逆記事が載っており、皇子たち（全部で11人）の中で、皇位継承に絡む3人の行動が語られる。

1. 応神天皇は、母（姉妹）を異にした2人（aとb）に尋ねた。年上と年下の子では、どちらが可愛いか、という問いであった。二人の回答は異なった
a＝大山守《おほやまもりの》命　↓　年上の子（自分のこと）
b＝大雀《おほさざきの》命（後の仁徳天皇）↓　年下の子（a、bの弟であるc＝宇遅能和紀郎子）
2. 応神の真意を知るbは、もう一人の異母弟cのことを推薦したのである
3. 我が意を得た応神は、三人にそれぞれ政治的役割を与えた
a↓山海の政《まつりごと》（海部・山部・山守部などの部民を掌る仕事　↑『記』の下注）
b↓食國の政（天下の政治：同下注）
c↓皇位を継承
4. 応神崩御のあと、aがcの皇位継承を異として反逆の兵を起こした
5. b・cの共闘によって、aは敗死する
6. 皇位継承についてbとcは互いに譲り合い、cの早逝により、bが皇位を継いだ

このようにしてbが仁徳天皇になったが、問題の榛原氏は、敗死した大山守命を祖とする一族

であった。『記』の該当箇所である。

故、その大山守命《の》の骨《かばね》は、那良《なら》山に葬《はふ》りき。

この大山守命《の》は、土形君、幣岐君、榛原君等の祖。

反逆者大山守命を祖とする以上、榛原君は京師には留まれず、最終的には遠江国に新天地を求めたと推測される。この遷移によって、その地方は榛原郡となったのであろう。

ただ当初の予想では、「榛原」は秦氏が住んだ地名だと予想した。つまり「蓁原郡」の「蓁原」＝「榛原」と同義であり、「蓁」はシンと発音し「草むら」「茂み」の意味である。そして「榛」はシンと発音して、カバノキ科の「はんのき＝はり」である。榛原《はりはら》＝蓁原《はいばら》＝秦原となって、そのまま秦氏が住んでいた場所を表していると考えた。その証拠に、同郡が所在した島田市には秦氏の祖「功満王《こうまんおう》」を祭る敬満《けいまん》神社が、現在も存在している。神社としての位階は正四位下にまで叙され、従四位上の遠江国一宮の小国神社を上回っている。その理由は、中央政権に対する秦氏の貢献によったと思われ、秦氏が祭る神社であったからこその特別扱いであったと思われる。

いまは船木氏を調査しつつ、太平洋岸に沿って遠州の榛原郡のあたりまで来た。すなわち「㉑遠江国蓁原郡船木郷（静岡県島田市。大井川河口）」に腰を落ち着けている。続いての関心は、「㉒下総国海上郡船木郷（千葉県銚子市。利根川河口）」に至るのだが、船木氏を追い求めながら、いつか忌部氏も視野に入って来るのである。というのも、船木郷の在る海上郡から利根川を遡って西航していくと、香取郡、埴生《はにゅう》郡（または「はぶ」）そして印旛郡となるからである。旧国名としては印波《いには》国。応神天皇の御世に、その国造に任命されたのは、「神八井耳命《かむやゐみみのみこと》の八世《やつぎ》の孫《みまご》伊都許利命《いつこりのみこと》」＝多氏出身であった。

ＩＮＩＨＡ（印波）→ＩＮＢＡ（印旛）

この印旛沼周辺も多氏に任された土地であったから、多氏一族の船木氏が住んだ現銚子市付近とも合わせ、多氏とその配下がたくさん居たことが推測できる。

では印旛沼あたりにはどのような有名神社が在って、この歴史調査に協力してくれるのか。先述の神奈川県の杉山神社のように、この千葉県北部には「麻賀多《まかた》神社」という珍しい社名の神社があって、特異な歴史風土を物語っている。そもそも「麻賀多」という名は、勾玉が元であるという。「ＭＡＫＡ（ＧＡ）ＴＡＭＡ」そのものでは恐れ多いので、一字外して「ＭＡＫＡ（ＧＡ）

TA」としたというが、本当のことはよく分からない。
だが印旛＝忌部なら、同氏の遠祖が「太玉命《ふとたまのみこと》」であるから、その説明は容易である。

HUTO＝ユダヤの
TAMA＝玉（勾玉）　↓　勾玉の形は、ヘブル語で「ヤー」（神の御名）を表す

ここ印旛には、忌部氏がユダヤ系多氏と一緒に住んでいたことを窺わせる神社名＝「麻賀多」が数多くある。この地域に集中して18社も在り、その本社が旧印旛郡の麻賀多神社である。奥宮・元社が成田市船形の麻賀多神社（伊都許利神社）、祭神は稚日霊命《わくむすひのみこと》である。同市台方の麻賀多神社は大宮と称し、同じく稚産霊命（稚日霊命《わくむすひのみこと》の異字同神）をお祭りする。

稚産霊命は、伊勢神宮外宮の祭神・豊受大御神の親神であり、明治初期まで外宮祀官を務めた度会氏＝磯部氏に深く関係する神である。磯部氏は忌部氏の支族であるから、ここ印旛郡に、忌部氏が奉斎したと思われる麻賀多神社が多く存在するのは、異とするに当たらない。そしてこの下総の印旛郡は、伊勢の度会郡とも往来があったと推測できる。

麻賀多神社の別名である伊都許利神社は、その社名を分解すると、「伊都」と「許利」になる。

つまり伊都は「伊都国」を表し、許利は「勇者」を意味すると思われる。例えば、茨城国造の祖「建許侶命《たけころ》」、筑波国造の祖「忍凝見命《おしこりみ》」など、国譲り戦の猛者に付されたコロ・コリは、東国遠征の赫々たる戦歴を帯びたものに違いない。

従ってここ印旛郡は、国譲り戦の勇将たちが北九州から遠征して、勇名を轟かせた地なのである。彼らはさらに、北に隣接する常陸にも攻め込んでいったから、地名としては「潮来」＝「伊都から来た」という、古代の残酷な戦争の匂いは全く感じられない、爽やかなイメージをもつ水郷に名を残している。

15. 奥州のユダヤ

古風土記はもっと北の、陸奥国にも遠征軍の記録を留めている。その逸文には、日本武尊が白河の八槻《やつき》にまで征伐の矛先を延ばしたことが記されている。筆者としては当然の類推ながら、「YATUKI（八槻）」は「YUTUKI（弓月）」であろう。或いは「ヤー（ユダヤの唯一神）が着いた場所」であろうか。

陸奥國風土記に曰く。八槻と名づくる所以は、巻向日代宮《まきむくのひしろのみや》に、御宇景行天皇の時、日本武尊、東夷を征伐して、この地に到り、八目鳴鏑《やつめのなりかぶら》を以て、賊を射《い》斃《たお》しき。その矢の落ち下れるところを矢着と云う。即ち正倉あり。（神亀三年、字を八槻と改む）（『古風土記逸文』）

この一文の最後に、記事の出処が記載されている。それによると、陸奥国の白川郡八槻村、都々古和氣《つつこわけ》神社の別当である大善院旧記に載る、と注書が為されている。

そこで、この「都々古和氣神社」のことを調査する必要が出てきた。祭神は「味耜高彦根命《あじすきたかひこね》」と「日本武（やまとたける）尊」の二神であるが、後神は大同２年（８０７）の合祀であるという。

すると元来は、味耜高彦根命をお祭りする「奥州一宮」であったことになる。そして同神の出身が、「都々古」＝「対馬最南端の豆酘《つつ》＋来《こ》」であった、と証言する神社名である。味耜高彦根命は、すなわち「迦毛大御神《かものおほみかみ》」（大国主と宗像三女神の長女・多紀理毘賣《たきりびめ》命との子）であり、賀茂氏の元神である。

出雲がユダヤ系首長国であったことは既著で述べたから、賀茂氏がユダヤ系であることは当然である。また賀茂氏は秦氏と移動を共にするから、白川郡の都々古和氣神社から北西方向に位置する現在の郡山市には、安積国造神社《あさかくにつこ》に「和久産巣日神《わくむすひ》」と「天湯津彦命《ゆつ》」が鎮座している。前神が忌部氏、後神は秦氏に関連している。天湯津彦の「YUTU」が、秦氏の祖「弓月君《ゆづき》」に通じているのは明らかである。

このようにして、出雲から筑紫、そして讃岐や紀州にやって来た忌部氏は、伊勢から相模や下総、さらには奥州にまで、遥々と旅をしてきた。他にも庶流の貴種たちが、東国に新天地を求め、あるいは中央から追放されてやむなく住み着いた。

しかしそれら傍流の人々から、中世に至って関東武士団が登場してくる。一所懸命の彼らの行動文化が、武力中心の政治・社会を形成しつつ、平安の貴族社会（ユダヤ系支配層）を吹き払う風となって、歴史の表舞台を吹き抜けていくのである。

「陸奥国の白川郡八槻村、都々古和氣神社《つつこわけ》」（奥州一宮）の祭神・味耜高彦根命（迦毛大御神）は、賀茂氏の神である。「日高見国」と言われた奥州は、秦神《はたかみ》の国でもあるから、ここでも秦氏は賀茂氏と組んで地方経営に当たっていた。それを示す具体的な史料はないが、地名や神社名・祭神から推理すれば、当時の東北は、蝦夷の国であると同時に秦氏の国といって良いかもしれない。

秦氏から分岐した宗像氏の有名神社もあって、宗像三女神が祭られている。宗像氏は出雲首長家に縁が深く、「秦－賀茂」の組合せが「秦－宗像」になっても違和感はない。

ABU－KUMA－GAWA（阿武隈川）ABU－KUMA－SAN－TI（阿武隈山地）
（アブラハムの神の川）（アブラハムの神の山）
KITA－KAMI－GAWA（北上川）HAYA－TI－NE－SAN－TI（早池峰山地）
←
HITA－KAMI（常陸の神）
HATA－KAMI（秦神）
HAYA－KAMI（HAYA＝秦の神。T→Y）
HAYA－TI（TI＝神→例：大蛇《おろち》）
HAYA－TI－NE（早池峰＝秦神の峰）
HAYA－TI－NE－SAN（早池峰山地）

早池峰神社（遠野市、他）の祭神は、「瀬織津姫《せおりつひめ》」である。彼女は、宗像三女神の二女＝市寸《いちき》島比賣《しまひめ》、別名は狭依毘賣《さよりびめ》という。早池峰の女神でもあり、山伏の信仰対象でもあった。すると宗像氏は現在の岩手県にも進出していたことになるのだが、史料としては、筆者はそれを確認していない。

SAYORI－BIME（狭依毘賣）　SE（Y）ORI－TU－HIME（瀬織津姫）

宗像三女神は、青森市の善知鳥《うとう》神社にも祭られているから、奥州の北端にもお姿がある。「善知鳥」の意味は、「ユダヤ」のことであり、宗像氏もユダヤの神を信仰していたのである。

UTOU（善知鳥）＝UT（O）U　UTU（ユダヤ）

ここから先も、推理は続く。一戸から遠野（十戸《とおのへ》）までの、10個を数える「戸」のことである。その時代に「戸」といえば、「部《べ》」（ヤマト政権の人民支配制度）のことが思い起こされる。北から南へ整然と「戸」の付いた地名が並ぶのは、一種の異様な気配がある。何か大きな政治的組織を前提にしないと、他の理由は考え難《にく》い。

多分、それは「日高見国」を暗示しているのではないか。秦氏が経済的に支配する国として、政治的な税制をともなわない緩い人的結合が想定されるが、無論、推測の域を越えない。北上川の治水工事など、地域的な必要が生じたときに、秦氏の指導の下に集まる地域集団が、「戸」ではなかったか。宗像氏は秦氏の一族であるから、そんな両氏の協力体制は、彼らの故地・筑紫や伊都国のころから続く習慣とも考えられる。何しろ「一」から「十」の順に、北上川（秦神川）は南流していくのである。

「陸奥《むつ》」という発音自体が、「HUTU（ユダヤ）→（H）UTU→MUTU」と訛っていった結果であろう。その奥州を代表する山伏の聖地は、「湯殿《ゆどの》山」である。ここにも「YUDO－NO」。「YUTU－NO（ユダヤの）」からの転訛と思しき神社名がある。

アブラハムの名さえ、覚えやすい発音にされて地域に根付いている。すなわち、東北に特有なアラハバキの神である。

ABURAHAMU＋KI（来）→A（BU）RAHAMU＋KI→ARAHABA＋KI

以上のように、「神武東征」のあとのユダヤ系渡来人は、東国や東北に移動していった（させられた）のである。

追記1

平城宮の中のユダヤ

古代日本には、ユダヤ系の人々が支配階層として活躍していたことを、著者は既著5冊の中で立証してきた。彼らは、信仰対象として平城京外京や平安京に内接させて、「ダビデの星」を隠し持っていたことも証明した。そして前著では、平城京の各「坊」が1200平方キュピト（=1800平方尺）の正方形をしていることを示して、平城京造営に適用した基準尺とユダヤとの関係をも示唆した。古代ユダヤ人の旧約聖書に頻出する聖なる数値「12」は、ここ奈良にも隠れていたのである。

しかし平城京の各坊が正方形であるため、正方形に内接する「ダビデの星」を期待することは無理である。理論値として「星」を内接させた長方形は、その長辺と短辺の比が、〈2÷√3=1・1547〉でなくてはならない。従って、第2作の『隠された「ダビデの星」東寺曼荼羅と平城京外京』では、長方形の外京部分には内接していても、正方形を寄せ集めた本京部分には「星」は輝いていないと考えた。

では本京の中でも、「平城宮《へいじょうきゅう》」の部分ではどうか。歴史を探偵する者は、諦めてはいけない。地図で眺める平城宮は、複数の長方形が複雑に入り組んだような外形をしている。何か怪しい気配がある。特に不規則なのは、藤原不比等の旧邸が在った法華寺・海龍王寺の一角である。東二坊大路が北へ向かって延びる先には、それら二寺の出っ張り部分が頭を押さえて、直角に東へ向かって一条南大路に重なる。そして大路はそのまま東端が東大寺転害門《てがいもん》になって、前掲拙著で解明したように、門と国道369号線との間には、約18m幅の「ダビデの帯」が南北に細長く横たわる。

平城京外京からすれば、この「帯」は謂わば出っ張り部分なのである。というのも外京そのものが既に、東四坊大路から東へ三つの「坊」分（1800尺×29・6㎝×3＝1598・4m）だけ張り出し、外京東端としての東七坊大路となっているのだが、またさらにその東側にくっ付けて、「ダビデの帯」を追加するというヤヤコシイ構造になっているのだ。この理由は、外京に「ダビデの星」を内接させるためであった（前掲第2作：追記2「ダビデの星」と藤原氏・ダビデの帯を計算する）。

主な記号間の距離を地図上で測定すると以下の通りとなる。

AI（JL、FM）：10・65
AB（BH、HI）：3・55
BI（JK）：7・1
AH（hL）：7・1
Fハ（Eホ、Lヘ）：0・55

AL（IJ、Hh）：6・15
Jh（hK、KL）：3・55
Aイ（Iイ、Jロ、Lロ）：5・33
FL（GK、MJ、ハヘ）：7・1
FE（EL、ハホ）：3・55

＊海龍王寺は、（平城宮の）隅寺・角寺とも呼ばれる
法華寺・海龍王寺は、藤原不比等の私邸跡

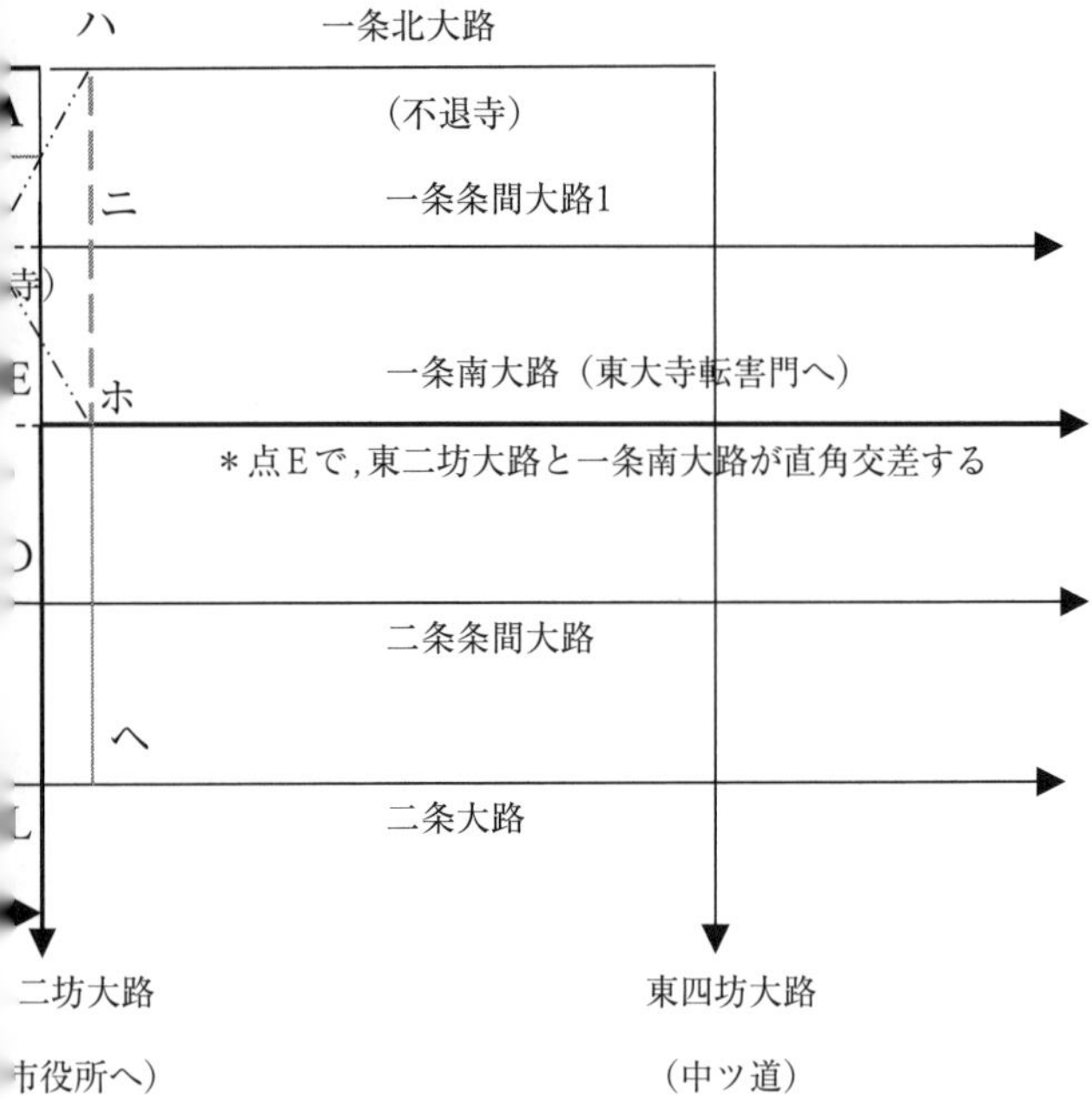

説明→平城宮の外形は「チヌCKJM」。「GKJM」は正方形。その正方形に張り出した長方形「チヌCG」

説明→ＦＥの右側（東側）に並行する**破線**が、現在の法華寺・海龍王寺の東に走る南北道のハホになる（出っ張り部分）

説明→geは法華寺の西側の南北道。リヌは県犬養門を通る南北線。ヌルは的門を通る東西線

平城宮（二重線）の概略図

＊JKHは正三角形・Hhはその垂線

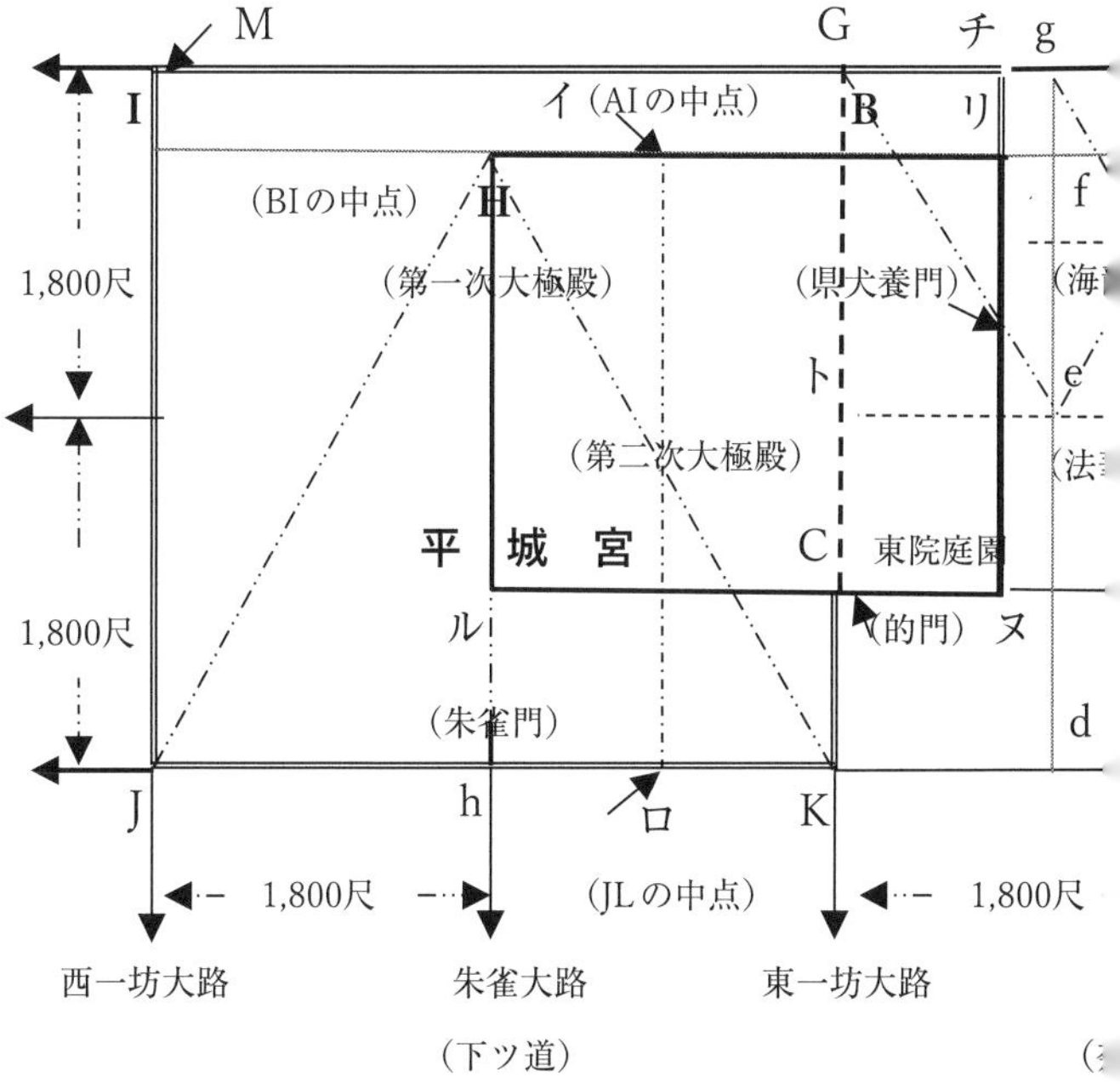

ハG（ホト、ヘK）：4・1　ホヘ（トK）：3・55
ハg（ニf、ホe）：2・05　ハニ（ニホ）：1・775

〈昭文社製都市地図（1/15,000）奈良市〉による、主な記号間の距離（単位：㎝）

説明↓ハニ（ニホ）は、小数点3桁までの測定が技術的に無理なので、FEの1／2の数値を適用した。

①長方形AIJL↓長辺÷短辺：10・65÷6・15＝1・7317
②〃BIJK↓〃：7・1÷6・15＝1・1545
③〃ABKL↓〃：6・15÷3・55＝1・7324
④〃BHhK↓〃：6・15÷3・55＝1・7324
⑤〃HIJh↓〃：6・15÷3・55＝1・7324
⑥〃AHhL↓〃：7・1÷6・15＝1・1545
⑦〃AイロL↓〃：6・15÷5・33＝1・1538
⑧〃イIJロ↓〃：6・15÷5・33＝1・1538
⑨〃ハホeg↓〃：3・55÷2・05＝1・7317
⑩〃ニホef↓〃：2・05÷1・775＝1・1549

○長方形に「ダビデの星」が内接する場合の理論値：　長辺÷短辺＝2÷$\sqrt{3}$＝1・1547
○〃　「虎塚型神影」　〃　〃：　長辺÷短辺＝$\sqrt{3}$÷1＝1・7321

結論　↓　②⑥⑦⑧⑩には「ダビデの星」が内接（六芒星）
①③④⑤⑨には「虎塚型神影」が内接（共有頂点で対置された二つの大きさが等しい正三角形）

説明　↓　対角線AJとILの交点は、線分イロの中点でもある

1．外京には張り出し部分（「ダビデの帯」）が存在している
2．法華寺を含む平城宮（広域平城宮）の東北隅にも、出っ張り（長方形「ハホEF」）が在る
3．平城宮本体の東側にも、出っ張り（長方形「チヌCG」）が在る

平城京のこの不規則さは、一体、何に原因があるのだろうか。共通点は、どちらも藤原不比等が強く関係していたことである。1．にはその真ん中に藤原氏の氏寺である興福寺、2．では不

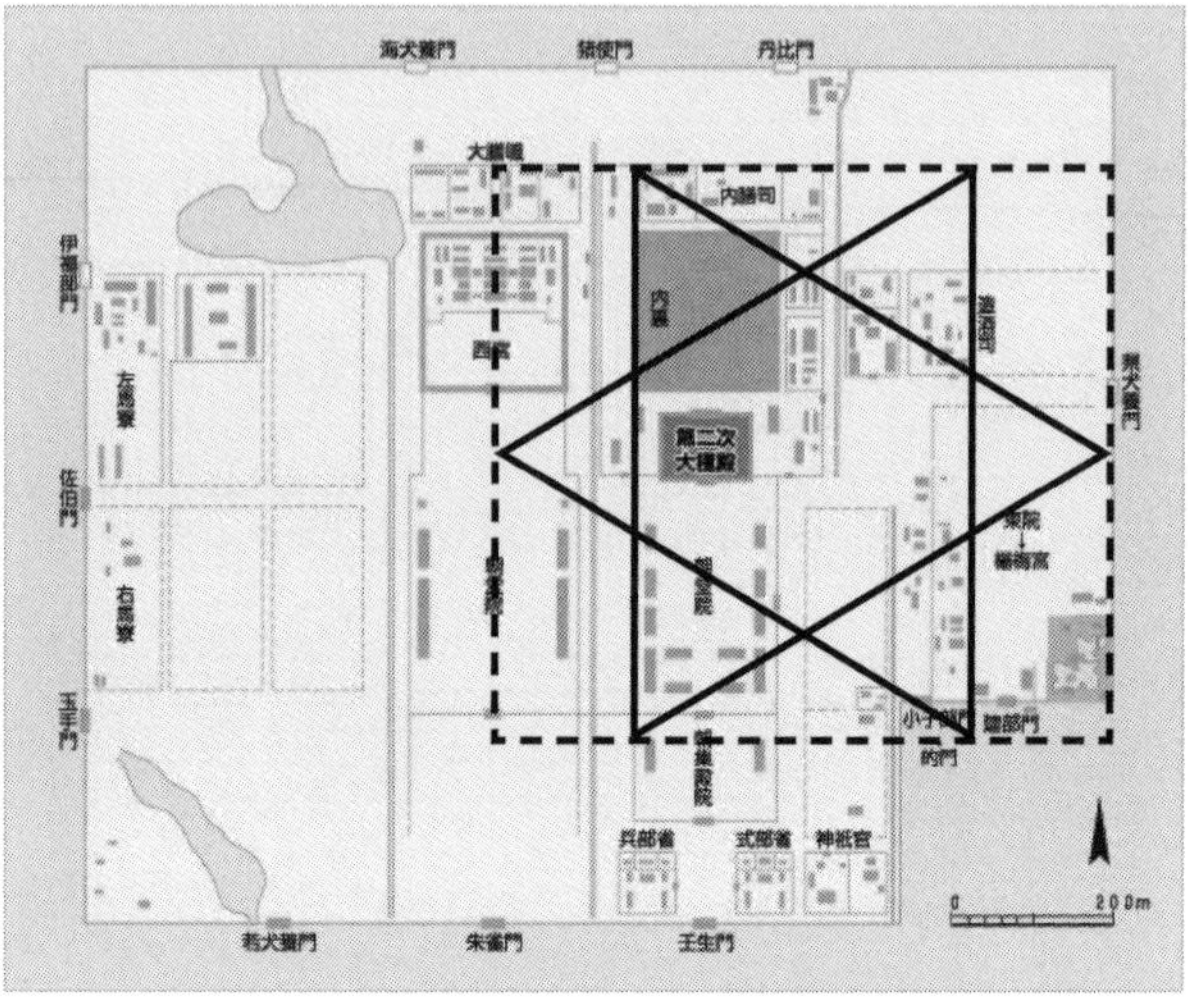

平城宮の中の「星」と「神影」
平城宮図の出典は、奈良文化財研究所による

比等の私邸跡に法華寺や海龍王寺が現存している。3．は平城宮そのものに付け足したものである。ユダヤの神に対する不比等の信仰がそれら不規則の原因であり、外京に内接させた「ダビデの星」と同様に、平城宮にもそんな図形がはめ込まれているに違いない。このように推理して、素人探偵は調査を開始したのである。

昭文社製の都市地図（1／15000）「奈良市」に印刷された「平城京」周辺について、主要地点間の距離（単位 cm）を調べてみた。「平城宮（二重線）の概略図」に表示したように、結果としては長方形に内接したユダヤ系図形を確認することができた。①から⑩までには5個の「ダビデの星」と、同じく5個の「虎塚型神影」がある。一つ二つであるなら、それは偶然の産物であるかも知れないが、10個も備わっていれば、それはもう、意図的に不比等私邸を含めた平城宮を設計したとしか考えられない。

「概略図」の長方形ＡＩＪＬからは、構造的に「星」と「神影」を作図することができる。ＡＩＪＬを、イロで東西に二つ折りにすることによってできる二つの長方形には、それぞれ「ダビデの星」が内接する。そしてそれら二つの長方形を、イロの中点を通る東西線で南北に二つ折りすれば、今度は「虎塚型神影」を内接させた長方形が四つ、ＡＩＪＬの中に出来上がることになって、後でも説明するように「図形」は10個と限らない。

では藤原不比等は何故に、こんなに多くのユダヤ的図形を必要としたのか。この問題に入る前の準備として、「ダビデの星」が内接する外京にある主な寺社を再確認してみよう。

1．興福寺　→　藤原氏の氏寺

2．元興寺《がんごうじ》　→　前身は蘇我氏の氏寺であった「飛鳥寺」
興隆する興福寺に対し、元興った寺の意か（不比等の意地悪？）

3．率川《いさがわ》神社　→　大和国一宮。祭神は神武天皇の后であった「姫蹈鞴五十鈴命」
推古天皇元年（５９３）の創建

4．漢国《かんごう》神社　→　推古天皇元年（５９３）の創建。祭神は大物主命

養老元年（717）に、藤原不比等が大己貴命《おおなむち》（大国主）と少彦名命《すくなひこな》を合祀

漢国神社の祭神大物主の横に、新たに大国主を据えたのは不比等であった。当時の彼の認識の中では、大物主と大国主は別の神さまであった、と証明する重要なご由緒である。しかし記紀神話においては、いつしか両神は同じ神さまになってしまったのである（拙著では一貫して別神としている）。

このように外京には、不比等に関連する寺社が「ダビデの星」と共存していることが分かる。彼にとっては、旧約の神々は、神社の祭神やお寺の仏さまと同列に考えられて、すなわち藤原氏に繁栄と幸福をもたらす神仏は、大歓迎されたのである。

一方で、法華寺を含む広域平城宮の場合はどうであろうか。

1．法華寺　→藤原不比等私邸を光明皇后が継いで、皇后宮とした（正式名は法華滅罪之寺）

2．海龍王寺　→不比等私邸跡の東北隅に位置。天平3年（731）、玄昉による開山

3．宇奈多理《うなたり》坐《にいます》高御魂《たかみむすび》神社《じんじゃ》→祭神は高御魂尊と、その御子である天太玉命と思兼神の3神

3は広域平城宮の東端近くにあって、祭神は3神ともユダヤ系であり、ユダヤ的図形と相性が良い。また平城宮に東隣する1と2は、不比等とその娘である光明皇后に関連し、ユダヤ系藤原氏の私邸跡にあったから、これらの寺もユダヤに関係がある。まして総国分尼寺・法華寺の正式名称に、「滅罪」といったキリスト教的な文字を入れているのも、一考を要するところだ。すなわち法華寺は、藤原氏自身の滅罪を祈る寺であったと考えられる。「滅罪」の意味は、罪を消すということであるから、法華経ばかりかユダヤの神々をも総動員して、一族の罪を糺《ただ》す場所であったのだ。それを裏付けるかのように、法華寺周辺には理論値に近似するユダヤ的図形が、まだまだ重なっている。

⑪長方形ハホトG　→　長辺÷短辺：4・1÷3・55＝1・1549
⑫　〃　ホトKへ　→　〃　：4・1÷3・55＝1・1549
⑬　〃　getG　→　〃　：3・55÷2・05＝1・7317
⑭　〃　ニfeホ　→　〃　：2・05÷1・775＝1・1549

このように⑬には虎塚型神影が、⑪⑫⑭はダビデの星が内接する。そして現在の⑭には、法華寺と海龍王寺が在る。旧都藤原京との位置関係では、下ツ道が真っ直ぐ北上して朱雀大路となって平城宮朱雀門に到り、東二坊大路は法華寺に頭を塞がれて、直角に東に向きを変えてそのまま東大寺転害門へと直結する。

これらの事実から判断すると平城宮は、藤原氏の自家繁栄と罪滅ぼしを兼ねて、ユダヤ的図形の上に寺社が配置されたと考えられる。それらは表向き、その主目的が天皇家のためであることは言うまでもないが、不比等の政治的敏腕は、真の目的を隠したまま子孫の末永い繁栄を企図したのである。すなわち法華寺の前身である不比等私邸は、その中に「ダビデの星」や「虎塚型神影」を置き、さらに正三角形ホgトをも下敷きにしている。もっと言えば、旧藤原京の朱雀大路を北へそのまま延ばしていった先は、平城京の朱雀門ではなく、法華寺に突き当たっている。即ち、不比等私邸が「藤原京大極殿」に対置されている。

しかし、もう一つの出っ張り問題を解決しないと、著者はスッキリしない。つまり平城宮本体である二坊四方の正方形GMJKに張り出した、長方形チGCヌのことである。言い換えるとチリヌのラインは、平城宮の中ではどんな意味を持っていたのか、という疑問である。

長考の末の答は、簡単であった。図中太線部分の長方形「リヌルH」は、その長辺と短辺の比が「ダビデの星」を内接させる数値に近似する。平城宮本体「ＢＣルＨ」＋張り出し部分「ＢＣリヌ」には、「星」が輝いている証拠である。

この事実は必然的に、線分ＡＢＨＩが平城宮の構成要素として、重要な意味・役割を持って、最初から設計図の中心的な線として引かれていたことを明示している。平城宮設計者はユダヤ的係数に明るく、かつ藤原不比等の片腕であった技術者・土木工事請負人であったと思われる。張り出し部分を設けることによって、設計者はそこに「ダビデの星」が内接していることを暗示した。そして平城宮南東角の直角に折れ曲がる道路（ヌＣＫ）は、そんな意図を表現するための必要不可欠な仕掛けであった。

法華寺交差点の直角（ＬＤＥホ）も同じ仕掛けであり、その行き着く先の東大寺転害門に西接させて、「ダビデの帯」を国道３６９号線沿いに南北に張り付け、外京にも「ダビデの星」がピッタリ内接するように配置したのである。

正方形ＧＭＪＫ＋長方形（張り出し部分）チヌＣＧ→長方形リヌルＨに「ダビデの星」が内接
（→　〃　ＢＩＪＫにも「ダビデの星」が内接）
正方形ＥＦＧト＋長方形（張り出し部分）ハホＥＦ→長方形ハホトＧに「ダビデの星」が内接

平城宮とその東側の不比等旧邸にかけては、多くのユダヤ的図形を確認できるが、長方形に内接する「星」に絞って表示すると分かり易くなる。南西（裏鬼門）から東北（鬼門）に向けて、階段状に4つの「ダビデの星」が連鎖している。すなわち〈ＢＩＪＫ〉〈リヌルＨ〉〈ハホトＧ〉〈ハニｆｇ〉である。「神影」も同様に、〈ＨＩＪｈ〉から〈ハホｅｇ〉へと段階的に現れている。

このようにユダヤ的係数を駆使した技術者・土木工事請負人は、秦氏と鴨（賀茂）氏であったと考えられる。のちの平安京造都にも両氏は深く係わり、南北と東西に長い二つの長方形に「星」を内接させて残しているからだ。①南北型長方形＝平安京型「ダビデの星」→ユダヤ系秦氏。②東西型長方形＝出雲大社型「ダビデの星」→ユダヤ系出雲首長家の鴨氏

①秦氏→平安京全体（一条・九条・東京極・西京極）に内接させた「ダビデの星」

②鴨氏→二条通り以南（二条・〃・〃・〃）に内接させた「ダビデの星」

平城宮の場合は①がＡイロＬ、②がＢＩＪＫに当たる。従って秦氏と鴨氏が、平城京造都にも関与していたのは間違いない。そして両氏がユダヤ系であることから、平城京一坊の長さがローマ世界の長さ単位：「キュピト」でも表現できることは、自然の成り行きかも知れない。ユダヤ系の聖数である「12」は、ここにも当たり前のように顔を出している。

平城京一坊　＝　1800尺　＝　1200キュピト　＝　約532m
（1尺＝29・6㎝）　（1キュピト＝44・4㎝）

これまで多くの「ダビデの星」を記録してきたが、平安京や平城京などの高低差がある土地に描かれる場合、直線の長さは平面上に投影したときに比較して少し短くなる。しかしその長さが、平城京などのように「キロメートル単位」になるときは、誤差の影響はそれほど大きな影響を与えない。

例えば外京で考えると、その西端を区切るA東四坊大路から、東端のB東京極大路までの東西長は、約1・6㎞である。そしてAB間の高低差は約20～30mあるので、実際の平面上の誤差は約40㎝となって、一応は無視しても良い長さである。このためこれまでの記述は、高低差のことを無視していた。また実際の工事風景を想像すると、工夫たちが現場で三角関数を議論していたとは考えられないのだ。

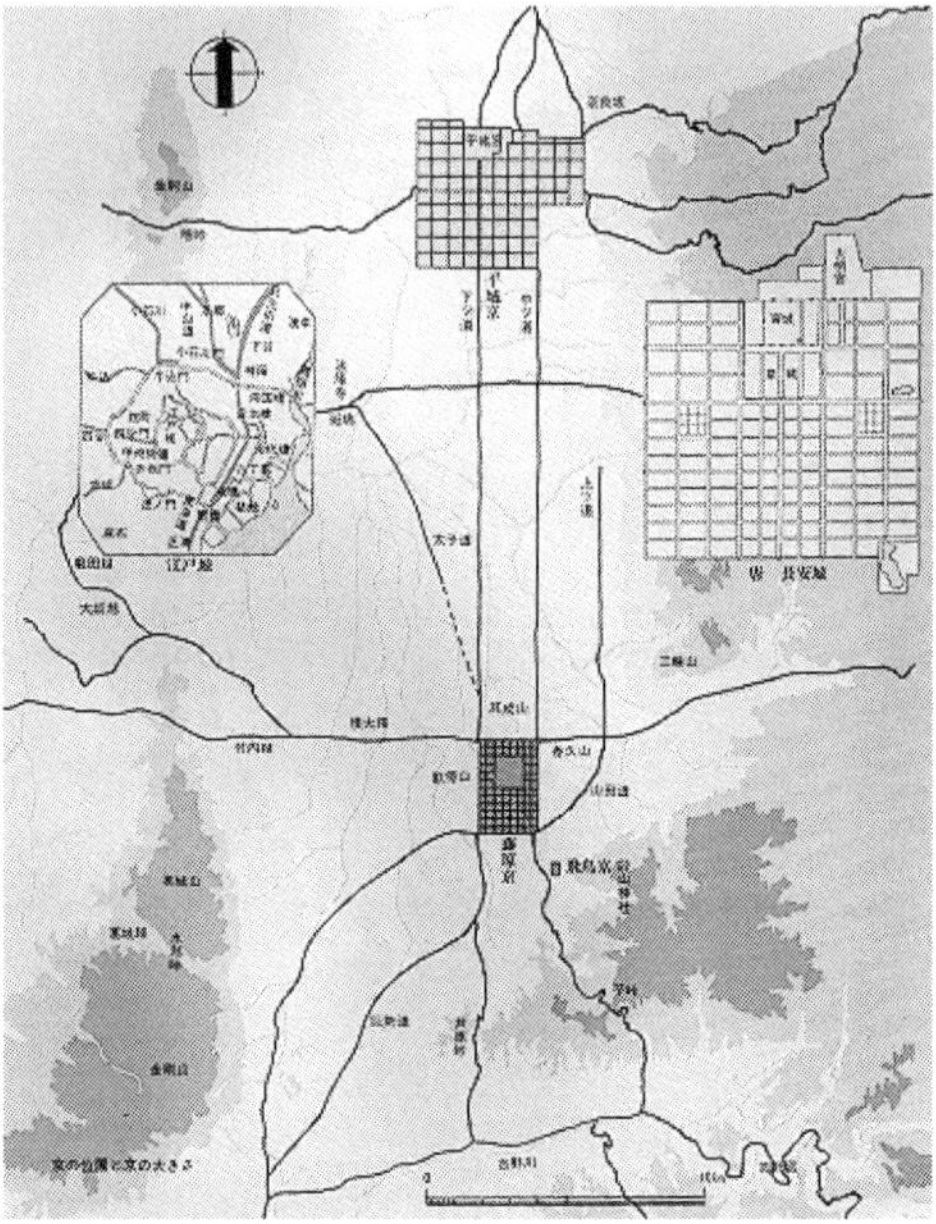

藤原京と平城京の位置関係
「橿原市　都と古道」による

この地図「都と古道」では、平城京と藤原京および飛鳥京との位置関係が分かる。また長安と東京との大きさも比較できて、便利な図でもある。ここで注意すべきは、①下ツ道と②中ツ道が真っ直ぐ北上し、平城京の主要大路に直結していることである。①は朱雀大路・朱雀門へ、②は東四坊大路へと結んでいる。さらに③上ツ道も二道に並行して北上し、平城京外京の東端付近に達していたようだ。

藤原京より後からできた平城京に向かって、並行して北上する3本の幹線道は、どんな意図に基づく造道であったのか。両京の距離は20㎞以上になるので、人や荷物を運ぶに3本は必要ない。ではこの3本は、何を運ぶのが目的なのか。おそらく人ではなくて、神さまであろう。想像を逞しくすれば、大和三山のユダヤ系神々である。大和三山の妻争いと、それを調停しに出雲から出向いてきた阿菩大神（アブラハム）のことは、前著で証明済みである。

「唯一神ヤハウェの国」を意味する大和（ヤ＋ウマト）では三山もユダヤの神を象徴するから、アブラハムさえ登場してくるのである。三山のユダヤ系神々を真っ直ぐ新京にお迎えする道が、並行して北上するこの３道であるなら、平城宮にはユダヤ的な図形があるのではないか、これこそ筆者が疑問に思った最初の不審点であった。早速、奈良市の地図を購入して、あちこち眺め始めたのである。そして３ヶ月以上も悩んだ末の結果は、もう書いた。多くのユダヤ的図形の上に建設された平城宮、これが結論である。

追記の最後は、私見ながら、平城宮の設計と縄張り手順を想像してみよう。

1．平城宮の敷地全体は、旧都藤原京と深く関連している（下ツ道は朱雀門へ一直線に北上・直結）

2．このため平城宮第一次大極殿の南北中心線は、下ツ道の延長線上にある

3．この延長線上に、朱雀門や大極殿の位置を決める（そこから真東には若草山）

4．朱雀門から東西に二条大路を延ばし、１８００平方尺（１２００平方キュピト）を１坊とする

5. 朱雀門から西一坊分の位置（J）を基点に、南北に西一坊大路を通す
6. 同じく東に、東一坊大路（K）を造る（すると二条大路には、朱雀門東西に2坊分の線分）
7. さらに東側に1坊を追加し、東二坊大路（L）とする
8. 朱雀門東西（JK）の2坊×1800尺＝3600尺を底辺とする正三角形を、二条大路の北側に描く
9. その正三角形の頂点（概略図では点H）から、二条大路に垂線（Hh）を下す
10. 頂点Hを通り、二条大路に並行した東西線を引いて、東二坊大路との交点をAとする
11. 同じく西一坊大路との交点をIとする
12. 長方形AIJLは、先述の①〜⑧までのユダヤ的図形を内包する
13. Jから西一坊大路を北に2坊分の地点をM．Lから東二坊大路を北に2坊分の地点をFとする
14. 線分FMは、1800尺×3坊分の長さとなる
15. 線分FLは、1800尺×2坊分の長さとなり、長方形FMJLは平城宮の外枠を形成する
16. この外枠を基準に考えると、海龍王寺の別称「隅寺・角寺」は平城宮の「隅・角」である

このようにして平城宮は設計・施工されたものと推測されるが、確かなことは分からない。しかし1800平方尺＝1200平方キュピトが1坊の長さの単位であることや、多くのユダヤ的図形（「ダビデの星」や「虎塚型神影」）が存在することを考慮すれば、平城宮や平城京また外京の造営には、ユダヤ系の人材やその子孫が関わったとしないと、合理的な理解には至らない。

想像を許されるなら、平城京以前の藤原京や飛鳥京の造営にも、ユダヤ系の人々が関わっていたのではないか。松本清張氏が疑ったように、飛鳥の都にはペルシャ人の姿さえチラつく。中近東の砂漠地帯で培われた水利技術が、「水の都　飛鳥京」を出現させた原動力ではなかったのか。特に蘇我氏は、ペルシャ人を重用した気配があるから、調査してみる価値がありそうだ。

奈良の都の古地図には、波斯人《ぺるしゃじん》の住居表示だって確認できる。東大寺正倉院展では、彼らが持ち込んだと思われる御物も拝見することができるのだ。ペルシャの商人が居たのなら、工人たちも大路を闊歩していたはずだし、彼らを異としない騎馬民族文化を引き継いだ権力者たちの下では、仕事もやり易かったであろう。

追記2

飛鳥京のペルシャ人

ＮＨＫ・ＢＳプレミアムが、飛鳥京の最新情報を放映した。２０２２年5月18日（水）のプレミアムカフェでの再放送、「謎の都・飛鳥京発掘～よみがえる〝水の都〟～（２００１年）再」である。その発掘現場の様子や、新たな考古学的知見を駆使して、これまでに分かってきた飛鳥京の全体像がＣＧ化されていた。日本的原風景の代表と思っていたのどかな飛鳥は、映像の説得力によって様変わりした。ここ飛鳥の都には異国の気配がある、というのが筆者の実感であった。

「飛鳥京」のことが気になりだしたのは、平安京、平城京や藤原京などこれまで著者が調べた古都には例外なく、渡来人の技術や文化が深く関与していたことを学んだからであった。だとしたらその前の「飛鳥京」にも、彼らの大きな影響が見られるのではないか。歴史の素人は、推理も単純である。

早速、先人の業績を調査すると、飛鳥とペルシャとの関係を書いた本が既にあることが分かった。遠い二つの都を結ぶ歴史の跡を辿るには、まずその基礎知識が必要である。そこで、楽しく読めそうなものを選んで第一歩を踏み出した。

『火の路』上・下（松本清張／文春文庫・２０２１年）

『蘇我氏はシルクロードから渡来した』（久慈力／現代書館・２００６年）

ここは、それらの本の内容を述べる場所ではない。どのような形であれ、飛鳥とペルシャを関係付ける史料を、著者の調査データから選び出して、一つの仮説を提示できたらと考えている。すなわち、「飛鳥京はペルシャ人が基本設計した都である」というものである。

この仮説における最大の難所は、①「酒船石」などの遺物が、突然に打ち捨てられたことへの合理的な説明ができるか、②ペルシャ人の技術者・工人が飛鳥に居たと証明できるか、③天皇家や蘇我氏が、それらペルシャ人を積極的に登用したか、ということである。

難問ばかりだから、手出しをしないのが賢い。しかし、無理矢理のこじつけであっても何とかしたい。そもそも、仮説を立てる方法からして悩むことになる。何をベースにして始めたらいいのか。

『記紀』などには、飛鳥とペルシャを結び付ける記述はほとんど無い。飛鳥時代の主役である蘇我氏やその周辺においても、ペルシャ関連の記事を見つけることは難しい。

しかし来日したペルシャ人のことは、『続日本紀』（天平8年／736年）に出ている。

八月二十三日　遣唐副使・従五位上の中臣《なかとみ》朝臣名代《なしろ》らが唐人三人・ペルシャ人一人を率いて、帰国の挨拶のため天皇に拝謁した。

そしてこのペルシャ人の名が、李密翳《りみつえい》である。同じ箇所には唐人ばかりか、唐僧や婆羅門僧（インド僧）のことも載っているので、聖武天皇の奈良時代は、唐やインド、さらにペルシャなどの国際的人材を重用した時代であったことが理解される。これらの僧や商人は、日本への渡海にあたり、単独で行動することはない。「弟子、家族、従者、商人、仏工などの集団移民」となって行動し、移民先では協力体制を敷いて、集団としての生活を安全なものにしていったのである。

では奈良より先、飛鳥時代はどうであったろうか。文献にはなくても、外国人を積極的に招いて、国造りの一翼を担わせていた証拠は在る。１９４９年に焼失してしまったが、法隆寺金堂の仏教壁画（阿弥陀浄土図の菩薩）を見れば、現在のパキスタン北西部やアフガニスタンを中心としたガンダーラ仏教の影響は一目瞭然である。ガンダーラから、その先のペルシャまではあと一息である。事実、この壁画中央の阿弥陀仏の後屏には、ササン朝ペルシャ起源の「蓮珠文」が確認できる。

阿弥陀浄土図の菩薩のお顔を描いた画工は、ガンダーラやペルシャの描法に通じた渡来人に違いない。日本の絵師たちがその画法を学んで帰朝したあと、法隆寺の壁画を描いたと仮定するのは非現実的である。すると法隆寺周辺には、西域からの移民集団が、それら画工を含めて生活

法隆寺金堂壁画　（右）観音菩薩　（左）勢至菩薩
出典：KINNGEI　MARUI　OFFICIAL　SITE

していたのだろう。現在で言うところの、多様性文化の飛鳥時代である。だから壁画に描かれた菩薩のお顔を見る者は、実のところ、腰を抜かさんばかりに驚愕しなくてはならないはずだ。すなわち飛鳥文化の実際の担い手が誰であったか、それを考えるだけでも日本古代史の様相は一変するのだから。

しかし史料として、それら画工の名は知られていない。どうすれば良いのか。

『記紀』などの文献ではなく、「天皇諡号」ではどうだろうか。蘇我氏が権勢を振るった飛鳥時代の天皇名を調べると、明らかにその前後の時代とは異なっている。継体以降のお名前である。

継体－安閑－宣化－欽明－敏達－用明－崇峻－推古－舒明－皇極－孝徳－（斉明）

（蘇我氏が実質的な権力者＝渡来人の中でもペルシャ系を重用した時代）

皇極と斉明は同じ女帝であるが、乙巳の変（大化改新）を挿んで重祚されたので、重要な意味を含んでいると思われる。それらの漢風諡号を選定したのは、淡海三船である。『懐風藻』の編者であり、奈良時代きっての文章博士・大学頭であった。用いられた漢字には、彼の歴史観が色濃く反映されていたはずであり、その一連の漢字は、奈良時代における「現代史」を綴るものであった。つまりまだ生々しさが残る歴史そのものが、三船の学識を通して映し出された第一級の史料である。

この諡号群で目立つのは、「明」である。欽明から斉明まで、実質8人のうち4人に「明」が付く。三船は明らかに、「明」を意識的に多用したのである。

継体以前の諡号に「明」が付く天皇はみえない。またここ以降では、近代の孝明、明治両帝を除けば、奈良の元明の他は、僅か3人（仁明、光明、明正）を数えるのみである。

「明」に対する淡海三船の用法は、「動詞（動作）」＋「明（目的語）」となっている。4人の諡号について、それぞれ意味を付して抜き出してみる。

①欽明　→「明」を敬う、仰ぐ→「明」＝宗教、聖人
②用明　→「明」を用いる→「明」（特定宗教の信仰者）を使う、用いる
③舒明　→「明」を伸ばす→「明」（特定宗教の信仰者）を重用する
④（皇極）斉明　→「明」を整理、まとめる→「明」（特定宗教の信仰者）を整理する

①の敬い仰ぐ行為によって、「明」が宗教を意味していることが理解できる。②③によって、その宗教を信仰する人々を様々な仕事に活用したことが分かる。また④は、その彼らを整理しなければならない政治的事情があったことを推測させる。

「明」が示す宗教は、隋や唐を経由してきたことを考慮すれば、唐代の三夷教の一つ「明教＝マニ教」である。そしてマニ教の前身は、すなわちゾロアスター教（拝火教・祆教）であった。ゾ教は古代ペルシャの国教であり、火を拝し、聖なる山に築いた「沈黙の塔」に死者を入れて、鳥葬・風葬によって骨にする風習を持っていた。善悪・明暗の二元論を宗旨の中心として、その善神（光明神）をアフラ・マズダと言い、悪神（暗黒神）アーリマンとの闘争を通して世界の成立ちを把握した。

このように「明」はマニ教のことであり、前身としての拝火教（祆教）をも包含する内容では

なかろうか。善神アフラ・マズタの意味は「光明」であり、聖武天皇の皇后の諡号「光明」になった可能性もある。

ただ「明」の代わりに、「祆」という諡号が使われたなら、それがゾロアスター教であると誰でも判断できるため、三船の学識は、そのような単純な諡《おくりな》を許さなかった。また天皇家や蘇我氏にとっても、解釈の曖昧さを差し挟む余地がない「祆」より、イメージの「明」るい方が好都合であったろう。

それでは「明」を「ゾロアスター教徒」の「ペルシャ人」として、先の①から④を再解釈してみよう。

（天皇諡号）　　（解　説　部　分）
←　　←

①欽明　↓　ゾロアスター教を敬う、仰ぐ（蘇我氏のペルシャ人愛好方針による）
②用明　↓　ゾロアスター教徒を用いる（蘇我氏によるペルシャ技術の利用）
③舒明　↓　ゾロアスター教徒を伸ばす（ペルシャ先進技術により蘇我氏の強大化）
（④皇極　↓　皇統の消滅危機＝蘇我天皇の誕生　↓　乙巳の変　↓　蘇我本家が滅亡）
④斉明　↓　蘇我系ゾ教徒を整理、まとめる　↓　製作途上のペルシャ的石造物が放置

淡海三船は、藤原不比等が中心となった正史編纂方針によって、蘇我氏が極悪人に類する書き方をされるのを見た。渡来の先進技術を積極的に採り入れて、大和を活性化しようとする蘇我氏の政治的先進性が、矮小化されていくのを見た。

飛鳥時代を語ろうとする淡海三船は、蘇我氏とペルシャ人との交流の是非はともかく、真実の歴史の姿を刻む方法として、「正史」ではなく、「天皇諡号」にそれを語らせようとしたのではないか。

では①から④までの諡号に付属するペルシャ色の濃い「解説部分」は、「正史」に載せられることがあったのか。多分、少し変形されて記載されたと思われるので、それらを抽出してみたい。

・飛鳥は「安宿《あすか》」であり、「安」の人たちが住む村である
　光明皇后の諱《いみな》は安宿媛《あすかべひめ》である。別称は光明子。藤三娘
・「安」は「安息」の略である
　前漢時代のペルシャ（パルティア）は「安息」と表記された
・「安閑」は「安」が「閑＝（しずか、ひま）＝息（やすむ）」、すなわち「安息＝ペルシャ」である

・「宣化」は、「変化したことを承れと申し伝えよ」の意味である
つまり「ペルシャのゾロアスター教が、支配層の信仰に加えられた」と宣下した
そして「欽明」は、そのゾロアスター教を敬う、仰いだ
また「斉明」は、「沈黙の塔」を建てようとしたのである
・拝火教信者の死体は「沈黙の塔」に入れられ、鳥葬に付された
鳥葬によりカラスなどが塔の上空を旋回する→「飛ぶ鳥の」（あすかの枕詞）
・その「塔」所在地（または建設予定地）→斉明紀二年に記載の「田身嶺《たむのみね》（多武峰《たふのみね》）」
古語「塔」の発音＝「ＴＡＨＵ」。多武嶺＝「ＴＡＨＵ　ＮＯ　ＭＩＮＥ」
飛鳥における「沈黙の塔」の建設予定地＝「多武嶺（塔の峰）」＝現在の談山神社
その塔を含めた宗教施設の名称は両槻宮《ふたつきのみや》。「多武嶺」に石垣を巡らせた外観→未完成
（失敗作）
・「塔」建設→重祚後の斉明が、依然として拝火教に帰依していた証拠→工事失敗→民衆の
誹《そし》り
→ペルシャ人石工たちの解雇→飛鳥の石造物放棄
・結果としては蘇我氏の滅亡によって、石造遺物が散在する飛鳥になった
蘇我氏滅亡により放棄されたもう一つの遺物＝銅鐸（工事の開始・終了合図に使用？）

・「大橋銅鐸」に刻まれた絵文字は、蘇我入鹿が天皇位に就いたと証言→乙巳の変
→蘇我氏の滅亡→蘇我氏の銅鐸は一斉に土中に埋納→蘇我氏への支持を隠滅

この大橋銅鐸を解読した大羽氏によると、表6面は、蘇我入鹿が天皇になったことを記念した絵文字であるという。それぞれの意味は次の通り。

1. トンボ　→　アキツ（ヤマト）　秋津洲（大和）に
2. 鹿を射る人　→　イルカ　（蘇我）入鹿が
3. 高倉倉庫　→　タカクラ　高御座（天皇）の位に登ったとき
4. いもり　→　イモジ　鋳物師の
5. 工具を振る人　→　フルヒト　古人が
6. 臼をつく人　→　キヅク　造る

蘇我氏滅亡によって放棄されたのは、蘇我天皇を支持した豪族に配布された銅鐸と、製作中の飛鳥の石造物であった。飛鳥時代に、蘇我氏の銅鐸が放擲・埋納されたといえば、誰もが信用しないであろう。銅鐸は卑弥呼の時代に相応しい遺物である、これが通説である。

大橋銅鐸の絵画

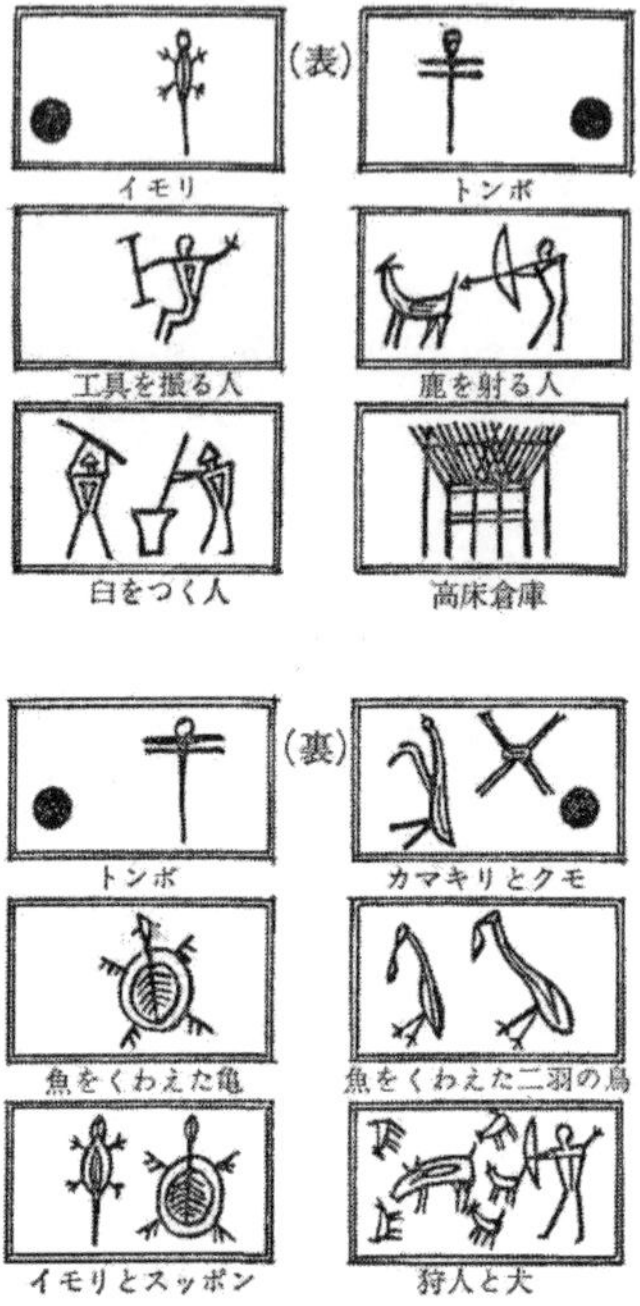

『大橋銅鐸の謎』
（大羽弘道／光文社・昭和49年）

しかし大羽氏の絵文字解読は、筋立てが合理的で、何より絵が真実を物語っている。当時でも貴重であった銅を使用して、昆虫や両生類の絵を刻むよう指示する権力者が居たなんて、想像することさえ難しい。

蘇我氏が皇位を簒奪した可能性については、皇極紀に史料が残っている。皇極元年の最後の記事である。

是歳《ことし》、蘇我大臣蝦夷《そがのおほおみえみし》、己《おの》が祖廟《おやのまつりや》を葛城《かづらき》の高宮《たかみや》に立《た》てて、八佾《やつら》の儛《まひ》をす。

「八佾の儛」とは、周代における舞人数の定めによれば、天子の舞（縦横八人ずつ計六十四人）である。蝦夷は葛城（奈良県御所市）に祖廟を建てて、そこで天皇にだけ許される「八佾の儛」

を舞わせた。蘇我王朝があった証拠である。

同三年の十一月には、蝦夷・入鹿親子が家を甘檮岡《うまかしのをか》に双《なら》べ起《た》てて、蝦夷の家を「上《うへ》の宮門《みかど》」、入鹿の家を「谷《はさま》の宮門」といった。そして子供たちを「王子《みこ》」と呼んだ。まさに天皇家と同じように、蘇我の家は「御門《みかど》」であったのだ。

天皇家と同じ権勢を誇る蘇我氏が、先進技術者としてペルシャ人を登用し、その方針が蘇我三代（馬子・蝦夷・入鹿）に亘って続けば、「甘檮岡」の麓に広がる飛鳥は、すっかりペルシャ風の都市になってしまうに違いない。石造物をアクセントに置いた水の都が建設され、その働き手のペルシャ人が住む場所は「安宿」と呼ばれ、ゾロアスター教の鳥葬も行われたと思われる。

ただ鳥葬に関する具体的な記述はないが、同じ皇極紀（元年）には妙な記載がある。四月には蘇我蝦夷が、百済からの大使「翹岐《げうき》」を畝傍の自宅に招いて情報交換し、良馬や鉄鋌を与えたあとの記事（五月）である。「鳥葬」を思い浮かべて読むと、何か臨場感さえ漂う。翹岐の従者と我が児が、相次いで亡くなったときの様子（風習）である。

是《こ》の時《とき》に、翹岐と妻《め》と、児の死にたることを畏《お》ぢ忌《い》みて、果《はた》して喪《も》に臨《のぞ》まず。凡《おほよ》そ百済・新羅《しらき》の風俗《くにわざ》、死亡者《しにひと》有《あ》るときは、父母兄弟夫婦姉妹《かぞいろはあにおととをうとめいろねいろど》と雖《いふと》も永《ひたす》ら自《みづか》ら看《み》ず。此《これ》を以《も》て観《み》れば、慈《うつくしび》無《な》きが甚《はなはだ》しきこと、豈禽獣《あにけだもの》に別《こと》ならむや。

（『日本書紀』）

この習俗を、何と理解すればいいのか。ゾロアスター教の鳥葬を見た人たちが、その埋葬文化の違いにショックを受けて、「まるで禽獣のような家族」に見えた、その記録ではないか。このあと翹岐の一家は現在の河内長野市に移り住んだが、「人《ひと》を遣《や》りて児《こ》を石川《いしかは》に葬《はぶ》らしむ」のである。つまりは骨になった我が児を、近くを流れる「石川」のほとりに改葬したのである。慈悲の心が無いのではない。埋葬に至るまでの手順が、大和の一般的な葬式と異なっていたのである。この記事全体の習俗は、ほとんど鳥葬のようではないか。もし文中に鳥やカラスが出てくれば、読む者はきっと鳥葬を疑うであろう。

では百済・新羅の風俗の中に、そんな葬儀文化があったのか。百済大使の翹岐は、自国の習慣に則って、粛々と我が児を葬ったのか。

多分、彼はゾロアスター教徒であり、ペルシャ人重視政策の蘇我王朝を頼っていたであろう。蘇我氏との情報交換では、朝鮮半島情勢を含む東アジアの緊張関係をも分析していたと思われる。そしてそんな飛鳥京では、鳥葬が実際に行われ、カラスなどの鳥たちが上空を舞っていた、と筆者は想像している。死者を啄《ついば》む飛ぶ鳥の明日香は、ペルシャ風の噴水や水時計がある「水の都」であったと。

勿論、蘇我氏が仏教擁護派であったから、飛鳥寺などの大寺院が屹立する飛鳥であったが、ペルシャ風の威容も合わせ持った都であった。明治初期の政権が西洋風レンガ建築を必要としたように、飛鳥時代の支配者であった蘇我氏は、仏教伽藍が水面に映る「水の都」を自慢しながら、海外の要人を接待したのであろう。

斉明後のペルシャ人は、蘇我氏滅亡の後を追って、政権内の重要性を減じていった。そして1300年後の現在、飛鳥大仏はつぎはぎだらけのお顔に、石舞台古墳（ペルシャ風の三段方形墳または下方上円墳＋空濠外壁）の巨石は風雨に曝されたままになってしまった。

上記推論の補説として、斉明紀二年の記載を引用して、多武峰山頂に在ったかも知れない「沈黙の塔」について、筆者の想像を交えて描写してみたい。

「沈黙の塔」は、ゾロアスター教徒が亡くなったとき、死体を鳥葬に付すための円塔である。添付写真のように不毛の山頂に築かれ、壁面の高さは3～4ｍ、直径は十数ｍ、塔の内側は同心円の石床になっており、辺りに散らばった白骨はその中心の井戸に投げ込まれる仕組みである。

そこで、斉明女帝が多武峰に建設しようとした「宮」を、「塔」であるという先入観をもって読むと、この記事はほとんど「沈黙の塔」ではないか。燃料用木材が不足したペルシャでは、死体を火葬にするより放置したままの方が合理的であるが、緑多き多武峰では、火葬や土葬の方が適当であった。だからそんな塔を建てる必要性は無いのに、という正論に立つ『紀』編者はこの巨大な土木工事に呆れて、正史の中に斉明狂心を明記したのである。この一文によって天皇諡号「明」の意味は、マニ教ではなく、「ゾロアスター教」であることがハッキリした。

一方の斉明にとっては、それは彼女の心（宗教）の問題であり、多武峰の「宮」工事は避けて通れないものであったに違いない。

田身嶺《たむのみね》に、冠《かうぶ》らしむるに周《めぐ》れる垣《かき》を以《も》てす。田身は山《やま》の名なり。此《これ》をば大務《たむ》と云《い》ふ。時に復《また》、嶺《みね》の上《うへ》の両《ふた》つの槻《つき》の樹《き》の辺《ほとり》に、観《たかどの》を起《た》つ。号《なづ》けて両槻宮《ふたつきのみや》とす。亦《また》は天宮《あまつみや》と曰ふ。時に興事《おこしつくること》を好《この》む。廼《すなは》ち水工《みづたくみ》をして渠《みぞ》穿《ほ》らしむ。香山《かぐやま》の西《にし》より石上山《いそのかみのやま》に至《いた》る。舟二百隻《ふねふたももふな》を以て、石上山の石《いし》を載《つ》みて、流《みづ》の順《まま》に控引《ひ》き、宮の東の山に石を累《かさ》ねて垣とす。時の人《ひと》の謗《そし》りて曰《い》はく、「狂心《たぶれこころ》の渠《みぞ》、功夫《ひとちから》を損《おと》し費《つひや》すこと、三万余《みよろづあまり》。垣造る功夫《ひとちから》を費《つひや》し損《おと》すこと、七万余《ななよろづあまり》。宮材《みやのきただ》爛れ、山椒埋《やまのすゑうづも》れたり」といふ。又《また》、謗《そし》りて曰《い》はく、「石《いし》の山丘《やまをか》を作《つく》る。作る随《まま》に自《おの》づからに破《こぼ》れなむ」といふ。（以下略）

（『日本書紀』）

・多武峰の山頂に、冠をかぶせたような周い垣を造った
・また峰の上の二つの槻の辺に、「観（道教の寺）」のような施設を建てた
　＊「観」は死体の一時保管所か

・それを「両槻宮」または「天宮」と云う
・斉明女帝は大きな工事を好み
・水工を使役して「渠（運河）」を穿《うが》たせた
・その運河は、香久山から石上山までに及んだ
・舟二百隻で石を運び、両槻宮の東の山頂に積み重ねて垣を造った
・人々はそれを、「狂心《たぶれこころ》の渠《みぞ》」と謗った
・運河の掘削に三万人余、山頂の円形の石垣には七万人余を、無駄に費やした
・宮の材木は腐り、山頂は埋もれた
・だから造った山丘は、自然と壊れてしまうと誇り合った

この記事はどう見ても、ゾロアスター教の「沈黙の塔」建設現場を活写したものであろう。蘇我氏滅亡のあとも、斉明天皇は自らの信仰心に基づいて、ゾ教の巨大施設建造に突き進んでいったのである。女帝の工事好きはさらに続き、斉明天皇五年三月にも次の記載がある。

甲午《きのえうまのひ》（十七日）に、甘檮丘《うまかしのをか》の東《ひむがし》の川上《かはら》に、須弥山《すみのやま》を造《つく》りて、陸奥《みちのく》と越《こし》との蝦夷《えみし》に饗《あへ》たまふ。

ヤズド（イラン）の沈黙の塔　Wikipedia

旧蘇我邸があった甘檮丘の東、飛鳥川の河原に須弥山の石像を立てて、陸奥と越の蝦夷たちを饗応したのである。『日本書紀』（岩波文庫）の注は、以下の通り。

仏教で世界の中心をなす山のこと。東京国立博物館に、飛鳥川の辺から出土した須弥山の石像といわれるものがある。

この追記で述べてきたことは、ゾロアスター教に対する斉明天皇の偏愛であった。その遺物は飛鳥地方にたくさん残されていたはずであったが、その後の歴史は、そんな石造物に過酷な運命を課すことになった。

戦国時代に築かれた城郭の石垣には、膨大な石材が使用されたので、あの多武峰の「塔」や

石造須弥山
（国指定文化財等データベース）

飛鳥京の石造群は、恰好の石狩場になってしまった。地表の適当な大きさの石は、近くの高取城などに運び込まれたが、地下に埋もれていたものは難を免れた。地表でも運搬できない石、例えば酒船石には楔（矢）の跡が残っていて、割られた部分は持ち去られたと思われる。「須弥山」は地表から見えなかったので、飛鳥川付近からの出土品となって、現在は国立博物館に納まっている。

因みに、「奈良県歴史文化遺産データベース」による「高取城」の説明である。

高取城は、元弘2年（1332年）に南朝方の豪族であった越智邦澄（おちくにずみ）が、貝吹山城の支城として築いた山城です。当初は中世城郭によく見られる掻《か》き揚《あ》げ城《じろ》（かきあげじろ。簡単な堀と土塁がある程度の城）でしたが、後に豊臣秀長の家臣である本多利久らにより本格的な改修が行われ、近世城郭へと生まれ変わりました。

高取城の石垣には、明日香、高取地域の古墳の石が多く使われています。これを、転用石といいます。使用されている転用石を調査したところ、飛鳥時代のものであることが分かっています。中には、漆喰が塗られた石などもあります。隅石（石垣の隅に用いられる石）などに転用石が用いられていますので、現地で探してみるのも面白いかもしれません。

追記3

銅鐸とユダヤ（創世記）

銅鐸は、謎だらけの遺物である。

それらの問題点を列挙しながら、その解決方法を考えることで銅鐸の謎に迫っていきたい。銅鐸には全くの素人ながら筆者は、日本古代史の中にユダヤ関連の要素を持ち込むことで、これまでとは異なった見方を提示してきた。今回もその延長線上に立って、銅鐸を眺めてみることにする。

謎1.「百餘国」に分かれていた弥生時代に、継続的かつ大量に銅鐸を製造できたか

銅鐸（青銅器）を造るにはその製造技術をはじめとして、当時の倭国には産出していなかった銅や、また錫の調達・輸送をどうしたのか。海外から調達したと思われるので、現在の輸出入業務に関わる専門家、海運業者がいなくてはならない。

輸入対価に相当する物々交換物資の準備や、鋳型の製造・高熱処理技術者など必要な人材の確保、それらを全体的にコントロールする中枢はどこに在ったのか。

そもそも銅鐸は、稲作中心社会であった当時の倭国には、必要欠くべからざるものであったのか。

これらの基本的な問いに対しては、「百餘国」個々の力では無理である。どうしてもそれら「百餘国」を支配下におく中枢国・覇権国の存在なしには、議論そのものが成り立たないと思われる。

楽浪の海中に倭人あり、分かれて百餘国をなし、歳時を以て来たり献見すという。
（『漢書』「地理志」）

具体的な数としての「百餘国」ではなく、「多くの国々」の意である。そして中国側に記された「献見」の実例は、後漢光武帝の建武中元二（西暦五十七）年が最初である。倭国では弥生時代中期に相当し、北九州の「奴国」が「百餘国」のリーダーであった。

「奴国」の「献見」が最初であるなら、銅の産出国であった中国との定期的な交易も、それ以降と考えるのが自然である。もちろん当時でも民間貿易はあったと考えられるが、銅の大量輸入は難しかったであろう。

難しかったはずの交易実態を、復刻版の『銅鐸』（藤森栄一・雄山閣／2022年）から引用する。滋賀県小篠原に埋められた銅鐸について、同じ青銅製剣の本数・重さに換算し、それら大量の銅鐸原材料を、「輸入銅器の鋳潰《つぶ》し」に依るものとして計算している。

さらに、小篠原に集結して埋められた二十四口の銅鐸の推定質量七十一貫目は、じつに二四〇本の細形銅剣を集めた結果ということになる。いまひとつ、これを全国既知の約三百口の鐸に該当換算すれば、九百貫、剣になおして、じつに三〇〇〇本。青銅自体が、あちらではとにかく、海のこちらでは、すくなくとも、舶来の珍宝だった一・二世紀のころとしては、まさに気の遠くなるような量だったに相違ない。

九百貫×@3・75kg＝3375kg。全体としては、驚くべき重さである。

しかし1964年初版の『銅鐸』には、1984年に発見された荒神谷遺跡（出雲市斐川町）出土の358本の銅剣、翌年発見の16本の銅矛や6個の銅鐸は含まれていない。その後1996年に、加茂岩倉遺跡（雲南市加茂町）から出土した39個の銅鐸についても、当然ながら計算されていない。未発見の青銅器を勘定に入れれば、いったいどれほどの輸入量になったのか、見当もつかないというのが正直な感想である。

この輸入処理を完遂できるのは、唯一、当時の覇権国であった出雲国しかない。実際の青銅器保有に関しては、銅剣・銅矛・銅鐸のすべてに亘り、量・質とも、出雲国は他地方を圧倒している。覇権を立証する威信財として、出雲国はそれらの青銅器を、被支配国に分与していた、と考えれば納得がいく。つまり「継続的かつ大量に銅鐸を製造」できたのは、出雲国だけであり、出雲が関与・製造した銅鐸などをその支配地域に分与することで、出雲の覇権を承認させたのである。

だが被支配地域の生業は、稲作中心の弥生時代の中・後期であったから、それら地域の住民が銅鐸のもつ役割＝農耕寄与を受け入れなければ、「銅鐸文化圏」なるものも成立しない。

一方、中・南九州との武力抗争が多かった北九州などでは、覇権国出雲の武力を期待できる標章・証明書としての銅剣・銅矛は、次第に巨大化していった。つまり出雲の覇権・後ろ盾を立証する威信財として、被支配地域に承認されていたのである。

ところで銅鐸製造は、弥生時代からというのが定説である。古墳時代初期に出雲主導の銅鐸製造が始まったとするこの仮説は、果たして賛同を得られるであろうか。

では、弥生時代の前期後半から中期にかけてが、銅鐸の製造開始時期であるという学説は、どのようにして成立していったのであろうか。その開始時期を特定する方法として、①「銅鐸といっしょに出土したもの」から探る、②「鐸自体に残る特長」から調べる、という二方法が考えられる。

前記『銅鐸』の中で紹介された論文、小林行雄氏の「銅鐸年代論」（「考古学」一二・一／昭和十六年）から、そのまとめ部分を引用する。

（1）銅鐸は弥生式時代の遺物である銅剣類といっしょに出土する。

（2）銅鐸は弥生式土器と共通の文様で飾られる。

（3）銅鐸は弥生式遺跡の一部から発見された例があり、また弥生式土器を伴なった例もある。

（4）銅鐸は弥生式土器の使用者によって、その形を土製品に作られたことがある。

結論としては、（1）が弥生式中期、（2）は文様区分によって、次の三式に分けられた。第一式（木の葉文・重弧文・複合鋸歯文）を弥生式前期末に、第二式（流水文・鋸歯文）を弥生中期に、第三式（原始絵画・双頭渦文）を後期およびそれ以後に鑑定された。

しかし、これに対する反論も存在する。銅鐸研究の泰斗である梅原博士による説（梅原末治「銅鐸攷」：考古学雑誌四八・三／昭和三十八年）を、同じく『銅鐸』から引用する。

それ（「反論」のこと：筆者注）には、もちろん、しかるべきいくつかの理由を、博士はあげられている。実際に弥生式土器の伴なった例はほとんどないこと、銅鐸そのものが鋳銅という高い技術の所産で、一程度進んだ文物で、つまり、一文化降って考えるべきだということ。土器や石器のような、一般常用の普遍的遺物とは違うもので、銅鐸は銅鐸そのものから、考究するのが常道であるはずであること。等々というのが、博士の銅鐸をみつめてきた四十年の述懐である。

銅鐸の製造年代を一文化繰り下げて考えるべきではないか、という問題提起を博士はされたのである。これは、銅鐸製造を出雲国中心とする筆者の考えにとっては、追い風となる論述であり、力強い限りである。

謎2．銅鐸のもつ役割＝農耕寄与を確認できるか

長江の越人が、春秋戦国の混乱を避けて倭国に渡来してきたことで、弥生時代の稲作が始まったが、越人たちは青銅器文化も一緒に持ち込んできた。

そんな青銅器遺物の中には、青銅貯貝器の蓋の上に造形された高床倉庫とその周りで、動物を屠る儀式を行う越人たちの様子を象《かたど》ったもの（添付図）がある。農耕儀礼として牛などを屠殺して、生贄としたものであろう。

越人の子孫である弥生人も生贄文化を引き継いでいたことが、史料として残っている。『播磨

国風土記』「讃容郡《さよのこほり》」の冒頭に載る、鹿の捕獲と屠殺の記事である。

讃容郡《さよのこほり》。讃容《さよ》と云《い》ふ所以《ゆゑ》は、大神妹妋《おほかみいもせ》二柱《ふたはしら》、各《おのもおのも》競《きそ》ひて国《くに》を占《し》めたまひし時《とき》に、妹玉津《いもたまつ》日女命《ひめのみこと》、生《い》ける鹿《しか》を捕《と》り臥《ふ》せ、其《そ》の腹《はら》を割《さ》きて、稲《いね》を其《そ》の血《ち》に種《ま》きたまひき。仍《よ》りて一夜《ひとよ》の間《ほと》に苗《なへ》生《お》ふれば、則《すなは》ち取《と》りて殖《う》ゑしめたまふ。(以下略)

この場合は、生贄としたのが「生ける鹿」であった。鹿の腹を裂いたときの流血の中にモミを播いたところ、一夜のうちに苗となったのでそれを植えたのである。生贄の効果は抜群であったため、(伊和《いわ》)大神は玉津日女との土地争いを止めて、他所に移り去っていった、という内容である。

生贄の血は、豊作を約束するための農耕儀礼であった。銅鐸表面に鋳出された絵柄や文様には、多くの鹿が描かれている。まさに鹿を射ようとしているところや、鹿の角を持って取り押さえようとする人の絵は、生贄の鹿を捕獲しようとする場面を表現したものであろう。

鹿の他には、猪も多く描かれている。猪や豚も、豊作の犠牲になったことであろう。銅鐸絵画には、単独の鹿や猪の他にも、行列や群になったものも散見され、それら生贄用動物の多さは、

（出典：KK News 中国）

豊作を期待する弥生人の心情・行動を反映している。

豊作祈願のためには、生贄以外にも、豊かな水に恵まれる必要がある。銅鐸には流水文が不可欠であった。

また水田の中の生物も、豊作祈願に参加させるべきである。トンボなどの昆虫や両生類、爬虫類など、田んぼの水辺は賑やかなほど良い。鳥や魚も描かれ、銅鐸絵画は水田耕作の実態を描いている。さらに収穫の秋には、脱穀用の杵・臼、あるいはコメの保管用高床式倉庫も見られる。銅鐸絵画は、稲作賛歌を表現したものであろう。

しかし銅鐸を製造した側の出雲から見たとき、それらは少し異なった様相を示す。威信財として銅鐸を分与する側の出雲国は、ユダヤ系首長の国であった。その証拠として、発掘された出雲大社旧本殿の巨大柱から成る長方形には、「ダビデの星」がピッタリ内接していることを報告した（『魏志倭人伝の中のユダヤ』「追記９」）。

従って出雲首長家はユダヤ系渡来人であり、旧約「創世記」を繰り返し学習してきた人々であったと推測できる。「創世記」の物語が、銅鐸絵画に描かれている。そんな馬鹿な話があるかと信じられない向きは、絵画や文様が語る事実に耳を傾けるべきであろう。

具体的な銅鐸を観察する。用いた絵は、『歴史フォーラム　銅鐸の絵を読み解く』（国立歴史民俗博物館編　構成・佐原真／小学館・１９９７年）に載る、「資料22　大阪府東奈良R３号流水紋の鋳型。兵庫県気比３号銅鐸を鋳造した鋳型。」を使用する。つまり気比３号銅鐸を造った際の流水紋鋳型のことである。

鋳型が発見された大阪府東奈良遺跡は、茨木市の南部に位置し、弥生時代の環濠集落遺跡である。銅鐸鋳型が35点出土し、銅戈や勾玉の鋳型も発掘された倭国最大級の工房跡であった。工房は淀川西岸の三島江に在って、東岸の寝屋川には、秦氏の根拠地を示す「太秦」という地名もある。遺跡がある側の淀川べりには、鴨氏の「三島鴨神社」が有名で、要するに、工房は鴨氏や秦氏の生産拠点といった位置付けである。

さて問題の銅鐸鋳型であるが、ユダヤに関連すると思われる文様に溢れている。銅鐸の外周部（「鰭《ひれ》」）は、鋸歯文が取り巻いている。正三角形が上下交互に帯状に連続して、まるで鋸の歯のようになっている。ただし銅鐸最上部の「鈕《ちゅう》＝吊り手」は半円形や馬蹄形をしているため、その

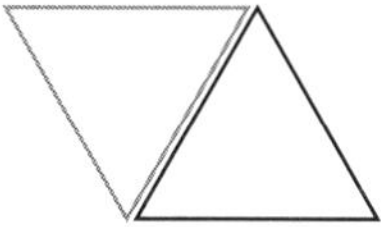

鋸歯文

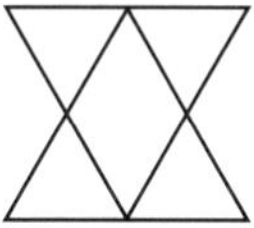

正三角形を重ねる

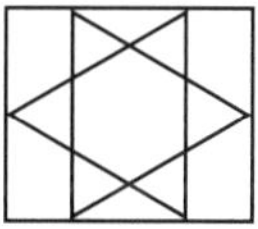

出雲大社型
ダビデの星

上縁と下縁の長さが異なるので、正確な正三角形とはなっていない。

ユダヤ教徒は神の姿（「ダビデの星」）を描くことが許されないので、鋸歯文を連続させ、その隣接する二つの正三角形を重ねて、重なった図形全体を包摂する長方形の中に、神の姿を示したのである。このように銅鐸の外形そのもので、神を暗示しているのである。

鋸歯文のすぐ内側を飾るのが、「ギリシャ渦文」である。この連続する波頭の模様は、遠くギリシャ・ローマで多用された。それは中央アジアを経て、三国時代の新羅「貴石象嵌の黄金剣」の上に現れ、倭国の銅鐸を飾り、さらには房総半島・木更津市の金鈴塚から出土した「頭椎《かぶっちの》大刀《たち》柄頭《つかがしら》」にも、その優美な波形を見せてくれる。銅鐸上の渦文は、その来歴が語るように、ユダヤを含むギリシャ・ローマ世界からやってきたのだ。

「紐＝吊り手」の渦文内側には、鹿の群れが向き合った形で、二列に彫られている。豊富な生贄用の鹿群を描くことで、その年の豊作を約束する銅鐸なのである。

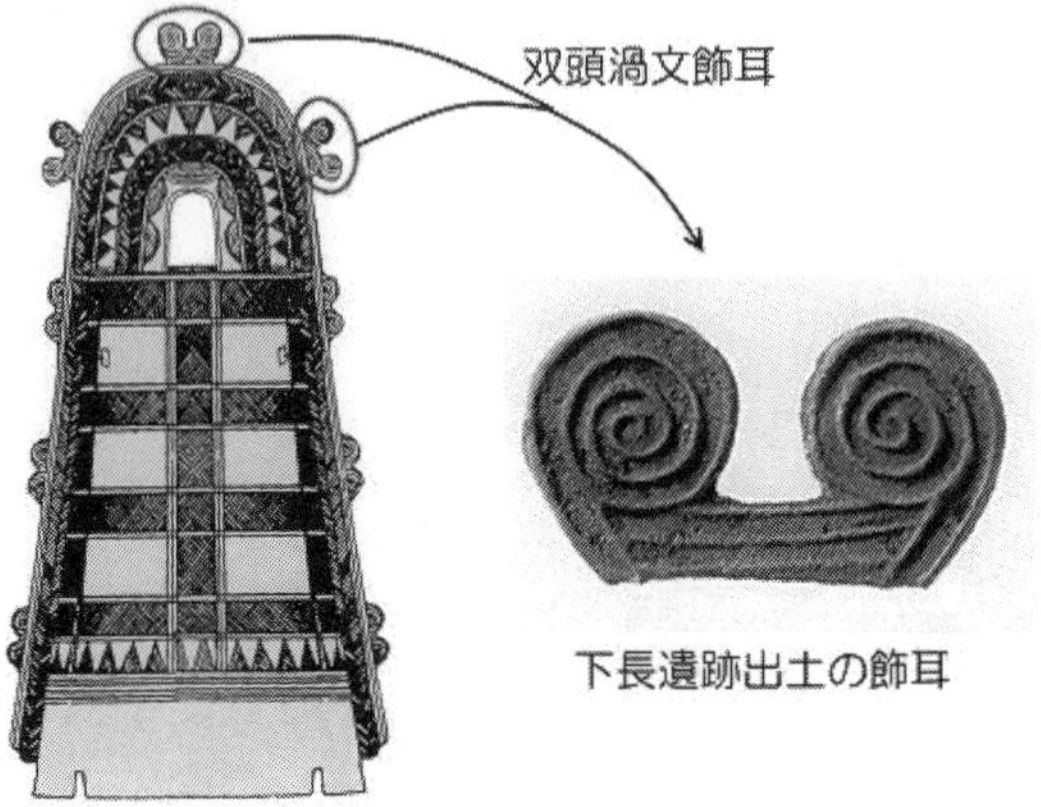

切落された銅鐸の耳（下長遺跡）【守山市教委】

銅鐸鋳型の「身」の中央はギリシャ渦文によって左右に分けられ、結果として、「身」に描かれた流水文が二つに分けられている。その左右の流水は、「身」の中央横帯によって、さらに上下二つに区分されているので、流水全体としては、上下・左右に四区分されたことになる。

問題は中央横帯に描かれている渦巻である。ギリシャ渦文の連続文ではなく、左右二つの渦（巻物）がお互いに斜めに結ばれている。同じ側で結ばれていれば、それは「トーラー」（ユダヤ教の「モーセ五書」や「律法」を記した巻物）と言ってもよい。後期の大型銅鐸には、「鰭」の上に「双頭渦文」という、ミッキーマウスの耳に似た飾りが付いたものがあるが、これは二つの渦の下側同士を結んでいるため、「トーラー」そのものを模したものであろう。

斜めに結んだものも、矢張り「トーラー」に違いない。その斜線の両サイドに、トンボと魚が描かれている。斜線の上側にトンボ、下側に魚である。すなわち空と大地（水）を表している。

モーセ五書の最初が、「創世記」である。創造の第二日目に、神は空によって水を二つに分けられたのである。

神《かみ》はまた言《い》われた、「水《みず》の間《あいだ》におおぞらがあって、水《みず》と水《みず》とを分《わ》けよ」。そのようになった。神《かみ》はおおぞらを造《つく》って、おおぞらの下《した》の水《みず》とおおぞらの上《うえ》の水《みず》とを分《わ》けられた。神《かみ》はそのおおぞらを天《てん》と名《な》づけられた。夕《ゆう》となり、また朝《あさ》となった。第《だい》二日《にち》である。

（「創世記」1・6〜8）

銅鐸の流水文は、神によって分けられた水である。また斜線トーラーの両サイドのトンボと魚は、分けられた水（空間）に住む神の生物であった。この銅鐸の裏面にも、上下二つの渦文が斜めに結ばれて、今度はその右に人間、左にスッポンが刻まれている。

ユダヤ系出雲人は、旧約「創世記」に書かれた神の言葉を、そのまま銅鐸の上に描いたのであろう。そうすることで、神の水と稲作の流水とは同じ銅鐸上に融合され、ユダヤ系の人たちも稲作の弥生人も、ともに銅鐸に親しむことができたのである。

もともとは鳴り物であった銅鐸は、豊作祈願の儀式ではどのように使用されたのか。水田の豊穣性を維持し土地の生産力を高めるために、生贄の動物を取り囲んで銅鐸は鳴らされたに違いない。鳴らすことが銅鐸本来の役目だからである。銅鐸の内部につるされた「舌」が、「身」の内面凸帯を叩くことによって大きな音を発し、それが神の声（＝稲妻の代わり）として鳴り響いた。そんな風に想像される。今年も豊かな実りでありますように。

謎3．なぜ銅鐸の埋納、破却が急がれたのか

ところが、崇神が天孫軍を率いて任那から渡来してきたことから、事情は一変した。覇権国出雲に対し、天孫は「国譲り戦」を仕掛けてきたのである。

結果は天孫側の圧勝に終わり、新しい覇者崇神の政治・軍事・宗教方針によって、銅鐸祭祀の弥生時代は終焉を迎えることになった。銅鐸に替わって、勾玉・鏡・剣の三種の神器をご神体とする神社信仰の時代、また前方後円墳を中心とする古墳時代が本格的に始まった。弥生人はこれに抵抗し、争うこともしたのだろうが、強いものには巻かれて、銅鐸は秘密裏かつ急激に埋納された。

そもそも出雲からの威信財であった銅鐸は、各地域の農耕儀式に使用されたので、個人的な所有ではなかった。だから弥生住居からの出土が見られず、どこか目立たない場所に隠ぺいされ埋納されてしまった。秘密裏に埋められたので、それから数世代が経過すると、その場所が不明となり、銅鐸の存在さえも忘れられることになった。

結果として、多くの遺跡は学者の手によって意識的に発掘されるのだが、銅鐸に限ってはそのような発見は一つもない、という変則的な遺物となったのである。伝世の古い銅鐸に雑じって、新しいものも一緒に埋められたケースがある。また破却された銅鐸が見つかるので、崇神の宗教観を忖度し、完成品のまま埋めるのを憚った人たちも居た。さらに威信財としての銅鐸ではあっても、敬う対象として定着した地方では、銅鐸の鰭を上下にして丁寧に埋納した例もあって、銅鐸解釈は、埋められた状況に即して柔軟に行わなくてはならない。

さらには、『記紀』が編纂されていた時期であるにもかかわらず、その本文中には銅鐸のことが一切言及されず、という異常事態が惹起されることになった。すなわち中大兄皇子が、「乙巳の変」によって政治権力を握ったときのことである。「変」によって蘇我本宗家が滅んだとき、新たな権力者となった皇子の意を汲んで、蘇我氏からの威信財であった銅鐸は急ぎ隠されてしまった。天智側による、旧蘇我派に対する執拗なまでの追及姿勢が、それまでの蘇我勢力圏にいた豪族たちにとっては極めて危険な事態となった。「何でもいいから大急ぎで隠せ、でないと我が身に危険が及ぶぞ」。これが当時の彼らの心境であったことは、想像するに難くない。

このようにして蘇我天皇の誕生を告げた銅鐸の絵文字は、地中深く埋められ、やはりその真実が失われ、消えてしまったのである。

だが、そんな悪しき記憶として残る銅鐸の発見情報が、近江京遷都を急ぐ天智天皇やその寵臣中臣鎌足のもとに届けられた（『扶桑略記』巻五）。崇福寺建立の工事現場からの報告であり、天皇が即位してすぐの天智七年正月十七日のことであったが、この奇瑞について、『日本書紀』は何も語らない。

そしてその後の銅鐸発見例に関しても、それが何の意味・役割を持っていたのか、正確に記録したものはない。情報が断絶したことが、その原因である。天智天皇たち「乙巳の変」の関係者たちが、銅鐸について後世に何も伝えなかったからである。

追記4　邪馬台国論争

北九州か大和盆地か、長年の争点であった邪馬台国論争については、魏志倭人伝の原文を正しく理解すれば、特段の問題点は存在しない。

まず朝鮮半島南岸すなわち倭国の北岸であった狗邪韓国から、対馬海峡を渡った「対馬国」から始めて、邪馬台国に至るまでの距離や日数、また陸行・水行の別、戸数や官名などを一覧にして考察する。

国名	前国からの方向	前国からの陸行／水行	前国からの距離・日数	戸数	(大)官	副	備考
対馬国	（一海を渡る）	水行	千余里	千余戸	卑狗	卑奴母離	対馬島
一大（壱岐）国	南（一海を渡る）	水行	千余里	三千ばかりの家	卑狗	卑奴母離	壱岐島
末盧国	一海を渡る	水行	千余里	四千余戸			唐津市付近
伊都国	東南	陸行	五百里	千余戸	爾支	泄謨觚・柄渠觚	糸島郡（帯方郡使常駐）
奴国	東南	（陸行）	百里	二万余戸	兕馬觚	卑奴母離	福岡市付近
不弥国	東	（陸行）	百里	千余家	多模	卑奴母離	糟屋郡宇美付近
投馬国	南（東の誤り）	水行	二十日	五万余戸	弥弥	弥弥那利	弥（弥）は出雲系神
邪馬壱（壹）国	南（東の誤り）	水行＋陸行	水行十日 陸行一月	七万余戸	伊支馬	弥馬升・弥馬獲支・奴佳鞮	大和・三輪山麓

その前に、本表のデータに関する前提条件を確認しておきたい。

a．主語が特定していない文は、中国側（魏、帯方郡が主語）から見たものである

b．不弥国以降の方角は、中国側の先入観によって「東」が「南」に、「西」が「北」へと90度偏向・誤認しているので、これを補正しなくてはならない

c．中国側の使者は、「伊都国の役所で聞いた旅費規定による距離」をそのまま適用して、伊都国から邪馬台国までの距離・日数を記録した

＊この説は、『倭人・倭国伝全釈』（鳥越憲三郎著／角川ソフィア文庫・2020年）による

鳥越先生の解説部分を引用する。

その解釈は、（中略）『延喜式』（主計上）にみる旅費規定と対比されるとわかるであろう。（中略）「百里」は一日の行程としてしての旅費が出され、末盧国から伊都国までは「五百里」あるので、往復五日の経費が支出されることになる。

「水行」も同様に往復を意味するから、片道に換算（×1／2）すれば良い。
・「水行」「二十日」→ 片道では「水行」「十日」の距離
・「水行」「十日」→ 片道では「水行」「五日」の距離
・「陸行」「一月」→ 片道では「陸行」「十五日」の距離

このように理解すれば、現代人の距離感に適合するようになる。ちなみに律令時代の「百里」は、1里＝300歩・1歩＝5尺・1尺＝29・6cmとして計算すると《100里×300歩×5尺×0・296m＝44・4km》、約45kmに相当し、一日の行程としては理に適っている。

漢字のなかった当時の規定は、どのように処理されていたのだろうか。『隋書』倭国伝には、「文字なし、ただ木を刻み縄を結ぶのみ」とあるから、具体的な旅程と旅費は、木の板に彫って保管されていたに違いない。

邪馬台国への道程のうち、不弥国までは問題がない。同国から投馬国への水行二十日は、二通りに解釈できる。つまり①瀬戸内海経由で邪馬台国に行くのか、②日本海経由なのかという問題である。

①の場合、投馬国は吉備国である。海路十日で到着する。その後の行程は所要五日間で、明石海峡を経て淀川べりの三島江あたりで船を降りる。陸行は、現在の国道168号線沿いに、磐《いわ》船《ふね》神社脇の峠を越えて邪馬台国に入る。これは、『先代旧事本紀』巻第五に載る、ニギハヤヒが

「大倭國《やまとのくに》」へ天降ったときと同じ道を想定している。しかしこのケースでは、陸行が「一月」もかからない。ここは「一日」の間違いであるかもしれないが、淀川から三輪山までを「一日（旅費規定上は半日）」で踏破することは至難だ。

②の場合、投馬国は出雲国となる。同じく十日で宍道湖に入ることになる。当時の湖は、西側の日本海にも出入口があったので、海運には便利であった。さらに水行五日をかけて、現在の由良川河口に至り、そこを遡上してから適当な川湊で下船する。由良川から中国山地（丹波高地）を越えるには、高低差を考えるとそれが一番楽なコースだからであった。そこから十五日の陸行で邪馬台国に着く。邪馬台国への道順として、最も穏当な結果は②ということになる。

出雲が投馬であることの傍証は、「官」と「副」の名称にある。その「弥《み》（ＭＩ）」や「弥弥《みみ》（ＭＩＭＩ）」は、出雲の首長スサノヲに連なる神名に多く見受けられるため、投馬国は出雲国であると思われる。それらを例示すると、次のようになる。

1．スサノヲ→大国主の系譜
八島士奴美《やしまじぬみ》　布帝耳《ふてみみ》　鳥耳《とりみみ》　鳥鳴海《とりなるみ》　賀茂建角身《かもたけつのみ》

2．スサノヲとアマテラスの誓約《うけひ》による系譜
天之忍穂耳《あめのおしほみみ》　彦火火出見《ひこほほでみ》　多藝志美美《たぎしみみ》　岐須美美《きすみみ》　神八井耳《かむやゐみみ》　神沼河耳《かむぬまかはみみ》

一方、吉備が投馬である可能性については、鳥越先生が前掲書で次のように指摘されている。応神紀には、「御友別」の兄弟・子孫が食膳に奉仕するさまに感じ入った天皇が、「御友別」の一族に「吉備」を分け与えたことが載っている。

その（吉備のこと：筆者注）王国を築いた「御友別」であるが、「御」は尊敬の接頭語、「別」は古代のかばねの一種で、問題は語幹の「友」to-moである。それと「投馬」to-maとを対比すると、母音だけが異なる。大胆なことをいうことになるが、音韻の上で母音の変化は無視してよいのである。したがって吉備国の往古の国号は、「とも」または「とま」であったことは確かであろう。

しかし「とも」「とま」から別れた国（＝「御友別」）であるから、「とま（投馬）」からの分国が「吉備」であるとも言える。すなわち「投馬」（＝「出雲」）から別れたのが「御友別」である。この場合の音韻変化は次のようになる。

TOMA→（I）TOMA→ITUMO→IDUMO（出雲）　＊（I）は美称接頭語

（M）ITOMA↓　MITOMO↓　MITOMO-WAKE（御友別）

先述のように、旅程上の観点からは「投馬」＝「出雲」が相応しい。また官名の検討においても、「投馬」は「出雲」の神々と深い縁がある。

さらに地政学的に見ると、出雲本国（大国主）と大和盆地の出雲（ニギハヤヒ）とに挟まれた吉備は、経済大国にはなれても、政治・軍事的には、覇権国の出雲勢に歯向かうことはできなかったであろう。

魏志倭人伝には、まだ重要な一文が残っている。

原文↓収租賦、有邸閣。国国有市、交易有無、使大倭監之

租賦を収む、邸閣あり。国国市あり。有無を交易し、大倭をしてこれを監せしむ。

「租賦」は年貢のことで、それらを納める建物が有った。また国々には市が設置され、互いに有るもの・無いものを交換し、大倭《やまと》にそれら市場を監督させた、という記事である。

当然ながら「監督させた」のは、大倭を間接支配下に置いていた中国側（魏や帯方郡）であり、監督する側の官名は「一大率」であった。

しかし卑弥呼の邪馬台国としては、監督するだけの組織がなかった。卑弥呼は「男子一人＝ニギハヤヒ」の世話を受ける祭祀女王であったからである。

ただ男子一人あり、飲食を給し、辞を伝え居処に出入りす。宮室・楼観・城柵、厳かに設け、常に人あり、兵を持して守衛す。

邪馬台国があった三輪山麓には、現在も「出雲屋敷」「出雲」という地名が残っており、ニギハヤヒに従う出雲兵が「宮室・楼観・城柵」を含め、守衛業務に就いていた。だから名目的には「一大率」の監督下にあったものの、実際の監視機能は、当時の覇権国であった出雲側が担当していたのである。

追記5

益田岩船

独立した花崗岩の巨大岩船が、山腹に居坐っている。近鉄岡寺駅の西方、岩船山（橿原市）の斜面である。寸法を『火の路』（松本清張）から転載すると、

平面は不整な長方形で、側面は上部がやや狭まった富士山型の方形の台といった感じである。ただし、東と西側は山の斜面にしたがって半分以上は土に埋まっている。東西の長さ一一メートル、南北の長さ八メートル、底部の土がえぐられている北側面の高さ約四・七メートルである。

その用途については幾つかの説があるが、『火の路』が紹介するものは以下の通り。

1．弘法大師撰「益田池碑文」の碑石を乗せる台石（碑石が巨大になりすぎる点で不可）
2．火葬墳墓（合葬墓）
3．城塞の物見台を兼ねた水槽
4．天武朝の占星台基石

著者のこれまでの推理をそのまま辿ると、「鳥葬場」説になる。

当時の飛鳥には、渡来してきたペルシャの商人や技術者・工人が居住していたと思われる。ゾロアスター教徒であった彼らが亡くなると、その遺体を「沈黙の塔」に運んで鳥葬に付すことになるのだが、まだ正式な「塔」は建設されていない。既述の斉明紀の記事は、まさにこれから、山頂に「冠」を乗せたような、「周《まる》」い石垣を多武峰に建てようとした時のビッグプロジェクトであった。

しかし正式な「塔」がない時でも、人は死ぬのである。仮設ではあっても「沈黙の塔」の代替版＝簡易版鳥葬施設が必要になるのだ。

では鳥葬のための必要条件を、「岩船」は備えているのか。

・鳥葬をするには、上空が十分空いていること
・野犬などを防ぐために、這い上ることができないほどの高さに遺体が置けること
・遺体を安置するのに必要な大きさの四角い穴があること（風雨対策としても）
　＊岩船の二つの穴の寸法↓縦１・６ｍ×横１・６ｍ×深さ１・３ｍ　↓　遺体安置には適
　＊１００年ほどで遺骨が消滅するため、ゾ教徒の遺体数が少なければ二穴で間に合う
・穴の周囲に、作業用の場所が確保されていること
　＊作業スペースとしては、穴の前後左右に１・５ｍほどの余裕が確保されている

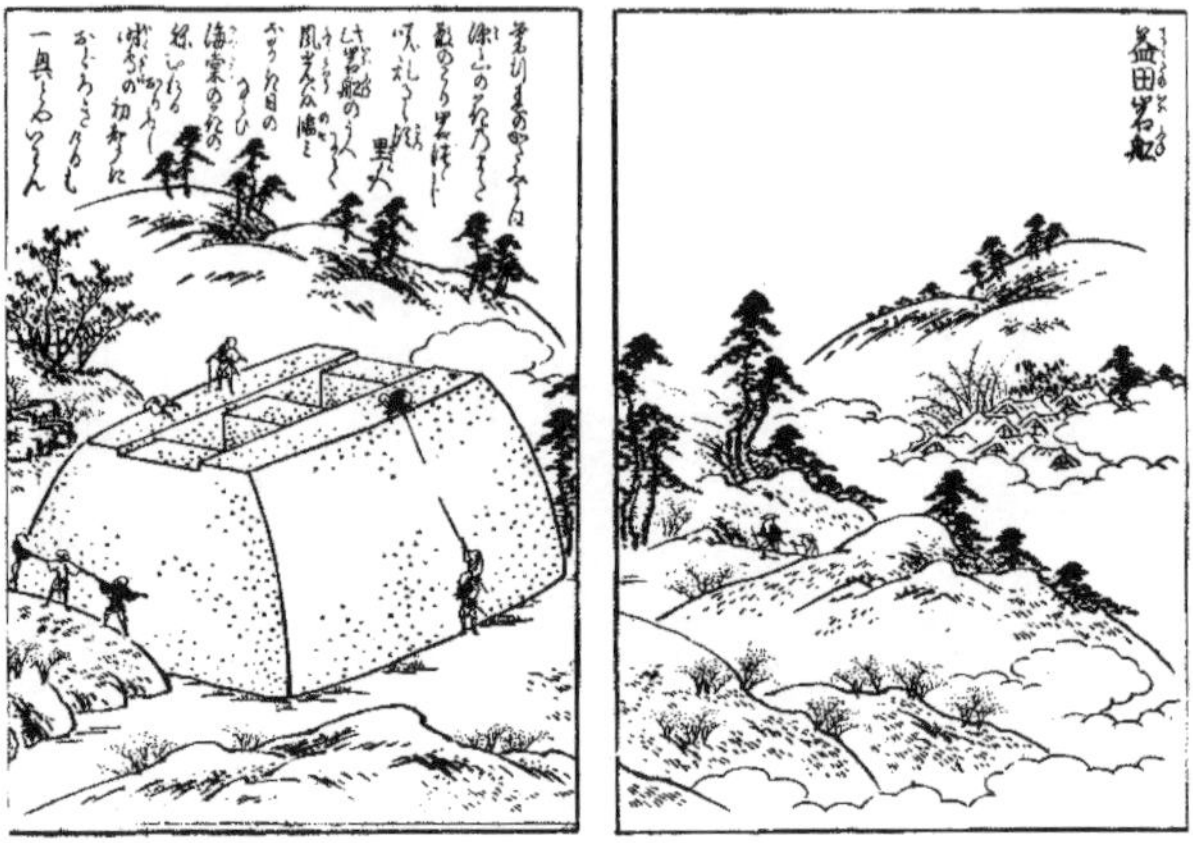

・「岩船」は外見上も、「塔」の代用と成り得る仮説としての諸条件は、十分に充たされていると思われる。

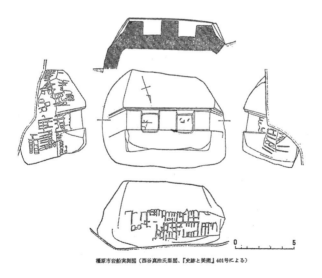

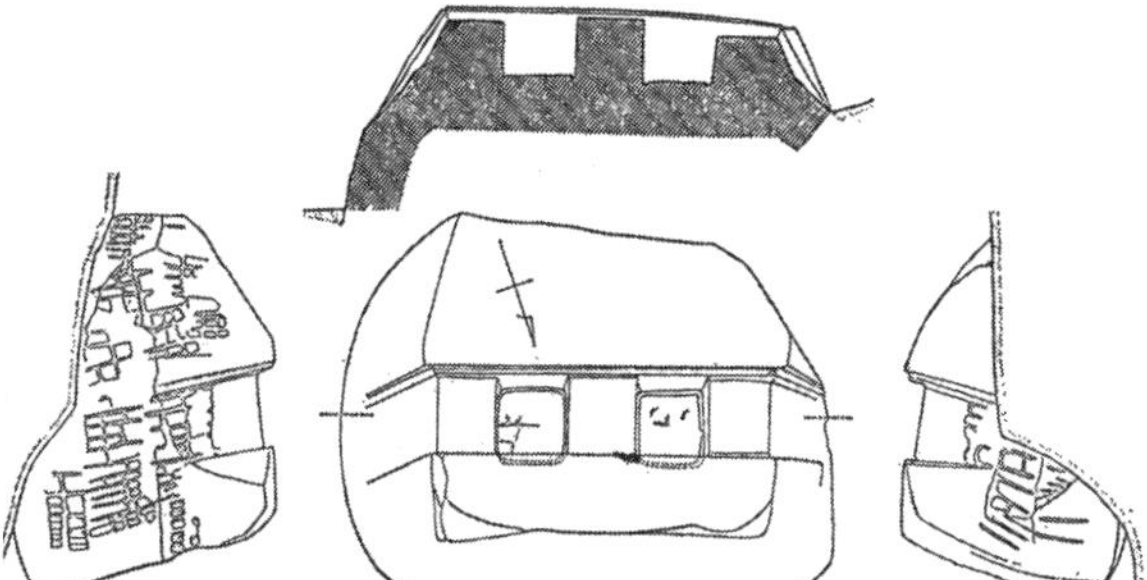

橿原市岩船実測図（西谷真治氏原図、『史跡と美術』401号による）

koza5555.exblog.jp　　奈良・桜井の歴史と社会　より（３図とも）

むすびに（「騎馬・ユ支配説」）

前著のまとめとして、筆者は「騎馬・ユ支配説」を提唱した。その帯の謳い文句は、〝「日・ユ同祖論」ならぬ「騎馬・ユ支配説」を提唱！〟という、ちょっとオーバーなキャッチフレーズであったが、本文でその説を開陳した部分はない。

この説は二つの支配層を一括りにしたもので、以下の内容を意図した。

1. 騎馬民族の一団が朝鮮半島経由で渡来し、古代日本の支配者になった
2. その騎馬集団と一緒にやって来たユダヤ系の人々も、支配層になった

1. については、史料を組み合わせることによって、論理的に証明できる。

・前方後円墳の被葬者は、当時の支配者であった

・その古墳からは、高度技術により製作された馬具類が、鉄製武器とともに出土する

・『魏志倭人伝』の記述から、当時の倭国に馬はいなかった
・馬のいない倭国では、高度に完成した馬具を作り、改良することは不可能である
・従って馬具類は、騎馬民族の完成品として、馬と一緒に倭国に持ち込まれた
・その騎馬民族の一団が、古代倭国の支配者になり、前方後円墳を築造した

2．についても、裏付け史料を並べることは可能であるが、論理的な証明としては難点がある。しかし、それを懼《おそ》れずに述べてみよう。すなわち古代天皇の和風諡号の中に、ユダヤ系秦氏やユダヤ系に特徴的な名前を発見することができる。

既著でも言及したが、応神天皇の諡号「誉田天皇《ほむたのすめらみこと》」は、次のように変化して、秦氏系の大王であったことが分かる。

HOMUTA→HONDA→HANDA（半田）→HATTA（八田）→HATA（秦）
→HADA（波多、羽田）

さらに継体天皇は、「男大迹天皇《をほどのすめらみこと》」である。その名は、「越のユダヤ系天皇」を意味すると思われる。「倭」や「越」は、古くは「WO」と発音した。前306年に、長江河口付近の「越」が「楚」に滅ぼされたあと、海に逃れた越人の一派が朝鮮半島南部や日本海に流れて、北九州や

北陸に小国家を成し、倭国に弥生時代が始まったのである。

WO　＝　越《を》（＝越前）↓「男《を》」　HODO　＝　ユダヤ（の）↓「大迹《ほど》」

『紀』では天皇の別名として、「更《また》の名《みな》は彦太尊《ひこふとのみこと》」と伝えている。こちらの意味も矢張り、「ユダヤ」に関係している。すなわち、「ユダヤの男神」である。「HUTO」が「ユダヤ」の意であることは、既にくどいほど述べてきた。

HIKO　↓　男
HUTO-NO　↓　ユダヤ-の
MIKOTO　↓　神（貴人）

継体天皇が大和に入部する前に、宮居を構えた場所は淀川の岸辺であった。大和平野からは山地を一つ隔てて、そこは秦氏や鴨氏が枢要な場所を占め、現在でも太秦《うづまさ》（寝屋川市）や、三島鴨神社が在る「三島江」などの地名を確認することができる（鴨／賀茂＝出雲ユダヤ系の首長一族）。ユダヤ系の人々が多く住む所は、御名にユダヤを冠する彦太尊にも、安全な場所であった。

また継体天皇の御陵（今城塚古墳）は淀川右岸の高槻市にあって、同地の秦氏などが、その築陵に大きな資金、労働力を投入したことが窺われる。応神・仁徳以降の大規模な天皇陵や土木工事も、天皇家と密接な関係にあった秦氏の全面協力が不可欠であった。

要するに応神や継体などの天皇の事績は、ユダヤ系の秦氏や賀茂氏の存在抜きには語れず、それらの和風諡号を発音データとして眺めるとき、秦氏は天皇家の中に身を潜めてしまったと考えられる。

HOMUTA＝秦
HUTO・HODO＝普洞《ふとう》王・浦東《ほとう》王＝秦氏（↑『新撰姓氏録』「諸蕃」）

しかし継体は何故、子なき武烈後の天皇に迎えられたのか。当時の大和には、物部氏や大伴氏などの大豪族が居て、彼ら自身が大王位に就くことも可能であったと思われる。そんな豪族間の政治体制＝考え方・行動様式こそが、自らの利害を差し置いて、継体招請のため越前まで「臣・連」たちを出向かせた原因である。

このような政治体制は、朝鮮半島「月支国」経由の「古代共和制」とも呼ぶべきものであった。『三国志』・「魏書」（東夷伝）の「月支国」に関して、『古代韓国のギリシャ渦文と月支国』（韓永大／明石書店・２０１４年）からの引用。

「（馬韓五十余か国の一国に）月支国がある。辰王は［月支国に都を置き］統治している」（馬韓伝）

「［辰王は］代々相継いでいるが、辰王は自ら王になることはできない」（弁辰伝）

つまり月支国では、選挙・推戴によって王を選んでいたのである。一種の共和制と言わざるを得ない。この辰王の一族が古代倭国に渡来し、継体のころにも、伝統的な政治体制を維持していたと考えられる。

『倭国伝』（藤堂明保・竹田晃・影山輝國　全訳注・講談社学術文庫／２０１７年）によって、『三国志』（韓伝）の該当箇所の原文を示す。

辰王治月支國。

（辰韓12ケ国が辰王に属し、その辰王は月支國に都を置き統治している：筆者注）

世世相繼。辰王不得自立爲王。

以上が、「騎馬・ユ支配説」の概要である。

さて、「騎馬・ユ支配説」の概要で締めくくることになったこのシリーズは、当初は歴史散歩のような感じで始めたが、その第一作『『古事記』の中のユダヤ』のお仕舞で、この紀行文を「僕の細道」と名付けた理由を記した。

この私的ノートの愛称が「ぼくの細道」であることは冒頭に記した通りであるが、その名称はもちろん、松尾芭蕉の『奥の細道』を借りている。当然ながら芭蕉の俳句紀行はAクラスの古典であるが、私の歴史紀行はBクラスであると認識している。だからその頭に、Bを付けるのもやむを得ない措置であった。

O　KU　NO　HO　SO　MI　TI（奥の細道）
B－O　KU　NO　HO　SO　MI　TI（僕の細道）

残念ながら、シリーズを終えようとしている現在もB級の域を出ない。

しかし日本古代史の通説に対し、新しい解釈の可能性について提言ができたとは思っている。この紀行文を書くきっかけとなった太安萬侶への墓参（2010年正月）と、そこでの彼へのお願い事がなかったら、拙著「ユダヤシリーズ」は世に出る機会さえなかったであろう。お願い事とは、『古事記』の中では正直に書くことができず、彼が「秘匿した部分を捜し出す役目を、私に下さい」ということであった。

折しも2023年は、太安萬侶の1300年忌にあたる。楽しかった歴史探索と、その執筆機会を与えてくれた彼に、改めて深甚なる感謝を捧げたい。

710年　平城京へ遷都
720年　右大臣正二位藤原不比等　薨
723年　民部卿従四位下太朝臣安万呂　卒

（合掌）

[著者紹介]
石川 雅晟（いしかわ　まさあきら）
1945年、愛知県生まれ。1967年、同志社大学経済学部卒業後、蒲郡信用金庫に入社し支店長などを歴任。1993年、眼科医療機器総合メーカーの株式会社ニデックに入社、のち常務取締役。また、再生医療の株式会社ジャパン・ティッシュエンジニアリングの創業メンバーとして、社外取締役に就任。2010年、定年退任。
著書に『『古事記』の中のユダヤ　平安京に隠された「ダビデの星」』（日本経済新聞出版社、2017年）、『隠された「ダビデの星」東寺曼荼羅と平城京外京』（幻冬舎メディアコンサルティング、2018年）、『魏志倭人伝の中のユダヤ 出雲大社に隠された「ダビデの星」』（幻冬舎メディアコンサルティング、2019年）、『ユダヤ系秦氏が語る邪馬台国　出雲神話、日向神話および魏志倭人伝などの相互関係』（幻冬舎メディアコンサルティング、2020年）、『ユダヤ系多氏が語る装飾古墳――描かれた△○の意味』（幻冬舎メディアコンサルティング、2022年）などがある。

「神武東征《じんむとうせい》」とその後《ご》の渡来人《とらいじん》たち
平城宮《へいじょうきゅう》の中《なか》のユダヤ

2023年3月17日　第1刷発行

著　者　石川雅晟
発行人　久保田貴幸

発行元　株式会社 幻冬舎メディアコンサルティング
〒151-0051　東京都渋谷区千駄ヶ谷4-9-7
電話　03-5411-6440（編集）

発売元　株式会社 幻冬舎
〒151-0051　東京都渋谷区千駄ヶ谷4-9-7
電話　03-5411-6222（営業）

印刷・製本　中央精版印刷株式会社
装　丁　弓田和則

検印廃止

Printed in Japan
ISBN 978-4-344-94305-6 C0021
幻冬舎メディアコンサルティング HP
https://www.gentosha-mc.com/